hänssler

Katja Wolff

Der Mount Everest am Nordpol

Der Glaube,
der wirklich Berge versetzt

Katja Wolff, geb. 1961, lebt heute mit ihrem Mann und ihrem Sohn in Bad Schwartau.

Hänssler-Taschenbuch
Bestell-Nr. 394.182
ISBN 3-7751-4182-0

Internet: www.haenssler.de
E-Mail: info@haenssler.de
Umschlaggestaltung: Jens Vogelsang, Aachen
Titelbild: Mauritius. Die Bildagentur; Fotograf: Mallaun
Satz: Vaihinger Satz + Druck, Vaihingen/Enz
Druck und Bindung: Ebner & Spiegel, Ulm
Printed in Germany

International Member of the
Evangelical Christian
Publishers Association

INHALT

VORWORT

Konvertiten sind immer etwas übereifrig. Das trifft in gewissem Sinne auch auf mich zu. Ich bin viele Irrwege gegangen, ehe ich endlich bei der Bibel, bei Jesus und der Kirche angekommen bin.

Ich war immer überzeugt, »dass es da irgendwie irgendetwas gibt«, und ich habe es gesucht. Vielleicht fing es damit an, dass mir ein Buch über die Gnostiker in die Hände gefallen war. Ich habe mich in diese Thematik vertieft, weil mir zum ersten Mal bewusst wurde, dass Religion etwas sein könnte, was man ganz konkret erleben kann. Etwas Spannendes. Keine Beschäftigung mit alten Texten, sondern etwas, was sich erfahren lässt. Etwas, was das Leben verändert und bereichert. Irgendwie landete ich dann bei der Kabbala. Weil ich nur Dinge verstehe, über die ich schreibe, begann ich Bücher zu schreiben. Sie wurden gedruckt – insgesamt vier Stück. Das letzte handelte über Magie. Da war ich dann auch schon am Ende der Sackgasse und des Irrweges angelangt. Ich habe meine Naivität und meine Neugier teuer bezahlt. Eigentlich hatte ich immer nur Gott gesucht. Mit lauwarmen, langweiligen Lehren wollte ich mich nicht abspeisen lassen. Ich ahnte, dass es mehr geben müsste als das, was in der Kirche stattfindet. Es gibt tatsächlich mehr. Heute weiß ich das, aber dieses Wissen habe ich teuer bezahlt, sehr teuer. Doch das ist eine lange Geschichte, die hier nicht in allen Einzelheiten erzählt werden soll.

Als ich dann die Quittung für meine Naivität bekam, konnte mir niemand helfen. Aber einer »da oben« hatte Mitleid. Er holte mich Schritt für Schritt aus dem Elend heraus. Er hat wirklich viel Geduld und lässt sich nicht entmutigen. Er hat mich die Irrwege zu Ende gehen lassen und mich dann auf dem mühsamen Rückweg begleitet. Fast zehn Jahre hat es gedauert – für einen Menschen eine lange Zeit.

Vielleicht hätte ich ein Buch über Irrwege schreiben sollen, um anderen das zu ersparen, was ich durchleiden musste. Als Warnung, aus der Sicht eines suchenden Menschen, der das Ende der Sackgasse kennt. Vielleicht hätte ich ein paar nützliche Hinweise geben können. Aber stärker noch war der Impuls, aufzuzeigen, dass all das, was die Esoterik verspricht, ausschließlich von der Bibel gehalten werden kann. Wir müssen nur den Mut haben, Gott beim Wort zu nehmen. Die Bibel ist kein langweiliges altes Buch. Sie ist nach wie vor sensationell. Eine Fundgrube für alle Sinnsucher, die sich nicht mit langatmiger Theorie abspeisen lassen wollen, sondern lebendige Erfahrungen mit Gott machen wollen.

Zuerst sollte dieses Buch »Auftrag, Vollmacht und Verheißung« heißen. Aber dann kam es doch anders.

Der Titel »Der Mount Everest am Nordpol. Der Glaube, der wirklich Berge vesetzt« soll eine Hoffnung ausdrücken. Die Hoffnung, dass das, was einmal möglich war, jederzeit wiederholt werden kann. Wenn wir nur glauben. Wenn wir den Mut haben, das zu glauben, was die Bibel uns sagt. Wenn wir Gott beim Wort nehmen, auch wenn es vielleicht zunächst nicht ganz leicht ist. Möge es vielen gelingen! Vielleicht erleben wir dann tatsächlich, dass Glaube wieder Berge versetzt. Vielleicht müssen das nicht immer die ganz spektakulären Wunder sein. Gott im Alltag zu begegnen und in kleinen Schritten seine Allmacht zu erleben ist auch eine Möglichkeit, wie Gott handelt.

Ich wünsche Ihnen viele »wunderbare« Erlebnisse und Begegnungen mit Gott!

Katja Wolff

KAPITEL 1

GOTT BEIM WORT GENOMMEN

Gott lügt nicht. Das Lügen hat ein anderer erfunden und den Menschen beigebracht. Wir waren gelehrige Schüler.

Satans Erfindungen sind auf dieser Welt sehr erfolgreich. Wir sind verstrickt in ein Geflecht aus Lügen, ohne es zu erkennen. Aber nur so lange, bis Gott uns durch seinen Sohn und für seinen Sohn die Augen öffnet – durch die Wahrheit und für die Wahrheit.

Die Wahrheit ist: Gott lügt nicht. Wer vollkommen und allmächtig ist, der sagt die umfassende und absolute Wahrheit. Alles andere wäre unter seiner Würde. »Gott ist nicht ein Mensch, dass er lüge« (4. Mose 23,19). Wir können ihm bedenkenlos vertrauen, »weil Gott nicht lügt« (Hebräer 6,18).

Kaum jemand würde es wagen, Gott einen Lügner zu nennen. Kaum jemand würde klar und direkt behaupten: »Gott redet unüberlegt daher. Er meint es nicht ernst, also braucht man auch nicht ernst zu nehmen, was er sagt.« Indirekt aber tut es jeder, der davon ausgeht, Gott könnte etwas gesagt haben, was er nicht auch ganz genauso gemeint hat, wie er es gesagt hat.

Wir können Gott nicht einfach nur beim Wort nehmen – wir müssen es sogar. Anderenfalls machen wir ihn zum Lügner. Denn: »Wer das nicht glaubt, der macht Gott zum Lügner, weil er nicht glaubt, was Gott über seinen Sohn ausgesagt hat« (1. Johannes 5,10).

Gott lügt nicht. Er ist absolut vertrauenswürdig. Wir können, dürfen und müssen ihm glauben: »Denn des Herrn Wort ist wahrhaftig, und was er zusagt, das hält er gewiss« (Psalm 33,4).

Uns liegt in schriftlicher Form eine verbindliche Informationsquelle darüber vor, was Gott gesagt hat: Die Bibel. Gottes Wort. Die Heilige Schrift wurde im Verlauf vieler Jahrhunderte verschiedenen Menschen durch den Heiligen Geist zur Niederschrift eingegeben : »Die ganze Schrift ist von Gottes Geist eingegeben« (2. Timotheus 3,16). Es gibt nur einen Gott. Aber es gibt drei Arten, wie er zu uns in Beziehung tritt: Als Vater, als Sohn und als Heiliger Geist. Gott, der Heilige Geist, hat die Bibel verfasst. Er ist es auch, der uns hilft, sie zu verstehen. Die Bibel ist das einzige Buch, das wir jederzeit gemeinsam mit seinem Verfasser lesen können. Denn Jesus, Gott, der Sohn, hat versprochen: »Doch wenn der Geist der Wahrheit kommt, wird er euch in alle Wahrheit leiten« (Johannnes 16,13). Jesus hat Wort gehalten. Der Heilige Geist ist gekommen. Er ist da – in jedem Christen. In jedem Menschen, der Jesus Christus als seinen Retter angenommen hat. Wenn wir beim Lesen der Bibel Fragen haben, genügt ein Gebet. Es wird nicht unbeantwortet bleiben.

Gott lügt nicht. Wir dürfen ihn beim Wort nehmen. Was er sagt, meint er auch. Was er verspricht, wird er halten. Er macht keine leeren Versprechungen. Sein Wort gilt – und es gilt nicht nur für den, an den es zum ersten Mal erging. Es gilt für jeden, zu dem Gott durch die Bibel spricht. Er wird seine Zusagen einhalten. Er will es, er kann es, und er wird es.

Wir dürfen und sollen jede Zusage, die wir in der Bibel finden, ganz konkret auf uns selbst beziehen. Martin Luther sagt: »Einer, der selig werden will, soll also gesinnet sein, als sei sonst kein Mensch auf Erden als er allein, und dass aller Trost und Zusagung in der heiligen Schrift ihn allein angehe, sei auch um seinetwillen geschrieben.«[1] Das heißt: Wer die Bibel liest, soll sie mit der inneren Einstellung lesen, dass jedes Wort ihn ganz persönlich betrifft und angeht. Ich soll die Bibel im Bewusstsein der Tatsache lesen, dass Gott hier zu mir ganz persönlich spricht. Dieses Buch hat er für mich geschrieben. Hier sagt er mir Dinge von überzeitlicher Gültigkeit. Sein Wort kann nicht veralten oder ungültig werden. Es ist frisch und aktuell wie am ersten Tag der Niederschrift. Ich soll die Bibel lesen, als habe Gott sie ganz allein für mich geschrieben. So ein dickes Buch von einem so genialen Autor – ganz für mich allein!

Also darf, kann und soll ich auch alle Aufträge, Vollmachten und Verheißungen auf mich beziehen. Er sagt mir, was er von mir erwartet, was ich darf und was er mir in Aussicht stellt. – Das ist bei weitem mehr, als wir zunächst überhaupt für möglich halten. Falsche Bescheidenheit den großzügigen Angeboten Gottes gegenüber wäre nur ein fadenscheiniges Deckmäntelchen, unter dem sich Kleingläubigkeit verbirgt. Kleingläubigkeit, die sich vielleicht den Anschein von Demut gibt. Aber sie bleibt, was sie ist und immer war: ein verstecktes Misstrauen gegenüber der Tatsache, dass Gott allmächtig ist. Dass er wirklich jederzeit alles tun kann. Wer daran zweifelt, der muss insgeheim die Befürchtung hegen, es könnte irgendetwas geben, was mächtiger ist als Gott. Aber das gibt es nicht. Keine Krankheit, keine Not, keine Gefahr, kein Naturgesetz, kein Mensch, kein Engel oder Teufel ist mächtiger als unser himmlischer Vater, der uns mehr liebt, als wir je begreifen werden.

Glauben heißt: vertrauen. Total und absolut vertrauen. Ohne sich durch kleinmütige Zweifel beirren zu lassen, die sich hinter der Maske der Vernunft verbergen. Doch das sind letztlich nichts anderes als lügenhafte Einflüsterungen von Seiten dessen, der von Anbeginn daran gearbeitet hat, das enge Vertrauensverhältnis zwischen Gott und Mensch zu zerstören.

Gott ist immer um ein Vielfaches größer und mächtiger als unsere Vorstellung von ihm. Wir trauen ihm grundsätzlich zu wenig zu. Damit unterschätzen wir ihn sträflich. Gott sprengt den engen Rahmen unserer Vorstellungskraft. Ihn beim Wort zu nehmen – und dazu verpflichtet er uns –, setzt den Mut und die Fähigkeit voraus, unserer Alltagsvernunft den Gehorsam zu verweigern, wenn sie uns auffordert, etwas für unmöglich oder für zu groß zu halten. Für Gott ist nichts zu groß – höchstens unser Unglaube.

Wir haben es schließlich nicht mit irgendjemandem zu tun, sondern mit dem genialsten Erfinder, dem genialsten Physiker und Mathematiker, dem genialsten Chemiker und Biologen. Er ist der größte Künstler, der Architekt und Baumeister des Universums. Gibt es jemanden, der klüger, genialer und mächtiger wäre? Nichts ist ihm unmöglich. »Was menschlich gesehen unmöglich ist, ist bei Gott möglich« (Lukas 18,27). Was wir für unmöglich halten, ist für Gott eine Kleinigkeit. Das überfordert unseren Alltagsverstand. Na und? Das ändert nichts an den Tatsachen. Wir sollten in unserer kleinmütigen Skepsis nicht so weit gehen, dass wir uns für klüger als Gott halten, indem wir uns einbilden, wir wüssten besser, was Gott kann und darf. Unsere Vernunft ist permanent versucht, Gott kleiner zu machen, als er ist. Viele Geheimnisse der Schöpfung haben unsere Wissenschaftler enträtselt. Dadurch verfällt der menschliche Verstand nur allzu leicht in einen Allmachtswahn. Er vergötzt sich selbst. Aber unser himmlischer Vater lacht darüber: »Denn die Weisheit dieser Welt ist in Gottes Augen Torheit« (1. Korinther 3,19). Vielleicht hat der kühne Umkehrschluss sogar auch seine gewisse Berechtigung: Was in den Augen der Welt einfältig, abwegig und irrational, lächerlich und naiv ist, kann in Gottes Augen höchste Weisheit sein.

Wirkliche Größe geht oft einher mit dem Mut, sich angreifbar und lächerlich zu machen. Wenn wir Gott glauben wollen, haben wir eine folgenschwere Entscheidung zu treffen: »Wer ein Freund der Welt sein will, wird zum Feind Gottes« (Jakobus 4,4). Wir können keine faulen Kompromisse schließen. »Wollte ich noch Menschen gefallen, wäre ich kein Diener von Christus« (Galater 1,10). Wir müssen etwas riskieren.

Wer Gottes Freund sein will, der kann nicht gleichzeitig alles daransetzen, vor der Welt als intelligent, erfolgreich und allseits respektiert dazustehen. Wer Gottes Kind ist, geht das Wagnis des Glaubens ein. Auch auf die Gefahr hin, einen massiven Imageverlust zu erleiden, sobald er sich offen dazu bekennt – denn auch das gehört dazu.

Es gibt kein riskanteres Abenteuer als den Glauben. Aber auch kein Risiko ist lohnender. Gott stellt uns Dinge in Aussicht, die das Maß unserer Vorstellungskraft bei weitem überschreiten. Dinge, die so groß, überwältigend und wundervoll sind, dass die Sprachmacht des begnadetsten Dichters angesichts der Aufgabe, sie auch nur andeutungsweise zu beschreiben, versagen müsste. Gott gibt uns Verheißungen, die wir uns durch den Glauben aneignen können. Alles, was von uns erwartet wird, ist unsere Bereitschaft, uns reich beschenken zu lassen. Diese Bereitschaft nennt man Glauben. Aber offenbar ist es schon zu viel verlangt, diese Bereitschaft von uns zu erwarten. Wie schwer fällt es, mit leeren Händen vor Gott zu treten und wie ein Kind zu bitten: »Bitte, Vater, beschenke mich!« Nichts scheint uns schwerer zu fallen als diese Kleinigkeit, die Gott von uns erwartet. Wir wollen nichts geschenkt bekommen. Wir wollen mit Gott Geschäfte machen. Wir wollen ihn durch Leistung überzeugen und ihn dazu zwingen, uns zu belohnen. Wir sind nur dann bereit, etwas von ihm anzunehmen, wenn wir uns einbilden können, wir hätten es uns auch verdient und er schulde uns einen gerechten Lohn. Wir wollen Gott zum zahlungspflichtigen Schuldner machen. Aber da spielt er nicht mit. Diesen Krämergeist verabscheut er. Gott will keine Geschäfte mit uns machen nach dem Schema »Bezahlung für Leistung«. Er will uns beschenken. Darunter geht nichts. Gott lässt in diesem Punkt auch nicht mit sich handeln. Entweder, wir sind bereit, seine Gaben als Geschenke anzunehmen, oder wir bekommen gar nichts.

Unser Glaube ist die Voraussetzung dafür, dass Gott uns beschenken kann (– und nichts tut er lieber! –). Der Glaube ist »das Vertrauen darauf, dass das, was wir hoffen, sich erfüllen wird, und die Überzeugung, dass das, was man nicht sieht, existiert« (Hebräer 11,1).

Zuversichtlich und frei von Zweifeln ist jeder, der wirklich glaubt. Glauben setzt einen Willensentschluss bei uns voraus. Wir müssen uns für den Glauben entscheiden. Das ist die wichtigste Entscheidung in unserem Leben. Treffen wir sie nicht, dann haben wir den Entschluss gefasst, uns Gott zu verweigern. Dann sind wir automatisch Eigentum des Widersachers. Welche Folgen das hat, zeigt sich oft erst dann, wenn es zu spät ist. Wir gehören entweder Gott oder Satan. Wenn wir uns einbilden, wir gehörten uns selbst, gilt Letzteres. Wer sich aber für den Glauben entscheidet, ist gerettet.

Der Glaube macht uns innerlich bereit für das Wirken Gottes in unserem Leben. Im Glauben und durch den Glauben eignen wir uns die Verheißungen Gottes an. »Alles ist möglich für den, der glaubt« (Markus 9,23).

Zugegeben, es kostet Mut, Jesus – Gott den Sohn – hier beim Wort zu nehmen. Er sagt nicht: »Manche Dinge« oder »einige Dinge« oder »viele Dinge«. Er sagt: »Alles.« »Alles« – das bedeutet: ausnahmslos alles. Hier ist der Prüfstein des Glaubens. Kann unser Glaube buchstäblich Berge versetzen? Oder ist unsere Seele von Zweifeln so zerfressen, dass wir uns dankbar an jede Ausrede klammern, die uns ein Alibi dafür liefert, dass wir kleingläubig, ängstlich, zaghaft und misstrauisch Jesus gegenüber sind? Die Alltagsvernunft ist mit solchen Alibis gern zur Hand. Sie reduziert wahre Größe, wenn wir mit ihr konfrontiert werden, gern auf ein handliches Bonsai-Format. Einschränkungen werden gemacht. Warnungen werden aus dem Hut gezaubert. Da wird gesagt, wir hätten es doch nur mit Gleichnissen zu tun, mit Symbolen, die man nicht wörtlich nehmen dürfe. So tarnen sich die Verweigerung des Gehorsams und der Mangel an Glaubensbereitschaft, ja auch die Angst, der eigenen Kleingläubigkeit offen ins Gesicht zu sehen, hinter einer besserwisserischen Gescheitheit, die letztlich klüger sein will als Gott selbst.

Wenn etwas größer ist als unser Vorstellungsvermögen, dann wird uns unbehaglich zu Mute. Aber auf diese Kleingeistigkeit nimmt Jesus keine Rücksicht. Im Gegenteil. Er fordert unseren Glauben heraus: »Ich versichere euch: Wenn ihr zu diesem Berg sagt: ›Hebe dich in die Höhe und wirf dich ins Meer‹, wird es geschehen. Entscheidend ist, dass ihr glaubt und in euren Herzen nicht daran zweifelt« (Markus 11,23).

Wir wollen mal nicht so sein. Einen Berg ins Meer stürzen – vielleicht geht es auch ein paar Nummern kleiner. Es wäre für den Anfang ja auch schon ganz gut, einen Maulwurfshügel in eine Pfütze zu versetzen. Durch den Glauben. Nur einfach mal so, um die Glaubenskraft unter Beweis zu stellen. »Doch wenn der Menschensohn wiederkommt, wie viele wird er dann vorfinden, die solch einen Glauben haben?« (Lukas 18,8). Jesus scheint da seine Zweifel zu haben. Alle Berge stehen noch da, wo Gott sie am Anfang der Schöpfung hingesetzt hat. Ein Armutszeugnis für uns. Wir sollten uns schämen.

Gott ist allmächtig. Jesus ist allmächtig. Er bietet uns die Teilhabe an seiner Allmacht an. Und wir greifen nicht zu. Kein Maulwurfshügel wird kraft des Glaubens in eine Pfütze versetzt. Kein Sandkorn in einen Tropfen. Es ist traurig, was unsere Kleingläubigkeit aus uns macht. Durch den Glauben haben wir Anteil an allem, was Jesus hat, kann und ist. Aber offenbar haben wir keinen Glauben. Jedenfalls keinen, der den Namen wirklich verdiente. So sieht es aus in der Christenheit. Das ist der Stand der Dinge. Offenbar sind wir so durchseucht vom Bazillus der Kleingläubigkeit, dass wir wirklich dankbar sein müssen, dass Gottes Erbarmen grenzenlos ist. Sonst hätte der himmlische Vater wohl längst schon die Geduld mit uns verloren.

Gott lügt nicht. Sollte er etwas versprochen haben, was er nicht auch halten kann? Nein, »weil Gott nicht lügt« (Hebräer 6,18). »Sollte er etwas sagen und nicht tun? Sollte er etwas reden und nicht halten?« (4. Mose 23,19). Abermals nein. »Wenn euer Glaube auch nur so groß wäre wie ein Senfkorn, könntet ihr zu diesem Berg sagen: ›Rücke dich von hier nach da‹, und er würde sich bewegen. Nichts wäre euch unmöglich« (Matthäus 17,20). Wir haben keinen Grund und kein Recht, an diesen Worten zu zweifeln: »Denn bei Gott ist nichts unmöglich« (Lukas 1,37). Wer will dem himmlischen Vater verbieten, seine Kinder mit denselben Fähigkeiten und Vollmachten auszustatten wie seinen Sohn Jesus Christus? Denn genau das ist seine Absicht. Die Großzügigkeit seines Angebots ist überwältigend. Sie überfordert uns fast. Sie überschreitet die Grenzen dessen, was wir für möglich halten. Die Grenzen dessen, was wir glauben ertragen zu können. Die Grenzen dessen, was wir glauben verdient zu haben.

Fakt ist: Wir haben es nicht verdient. Wir sind gänzlich unwürdig. Würdig der Gnade Gottes sind wir nicht durch das, was wir sind, sondern durch das, was wir »tun«: Indem wir diese Gnade dankbar und demütig, im Glauben und durch den Glauben in Empfang nehmen.

Jesus Christus, der grundsätzlich nur das tat und sagte, was Gott ihm zu tun und zu sagen auftrug (Johannes 8,26; 12,49), versichert uns: »Ich versichere euch: Wer an mich glaubt, wird dieselben Dinge tun, die ich getan habe, ja noch größere, denn ich gehe, um beim Vater zu sein. Ihr dürft in meinem Namen um alles bitten, und ich werde eure Bitten erfüllen, weil durch den Sohn der Vater verherrlicht wird« (Johannes 14,12-13). Wir rühren hier an wirklich großen Dingen. Dinge, die alles übertreffen, was im Bereich unserer gewöhnlichen Vorstellungskraft liegt: »Bei Jesus wird der Glaube an Gottes Allmacht nicht aufgehoben; aber das Besondere seiner Botschaft ist, dass jetzt Menschen – er selbst und die, die seinen Glauben teilen – im Bund mit Gott Wunder tun können. Die Wunderkraft kommt vom Himmel auf die Erde.«[2] Die Wunderkraft kommt zu uns auf die Erde. Bereit, jedem Kind Gottes in die Hände gelegt zu werden. Aber sie findet offenbar niemanden, der sie in Empfang nehmen will. Aus Unglauben oder Kleingläubigkeit weisen wir Gottes kostbarsten Geschenke zurück. Also kehrt die Wunderkraft einstweilen in den Himmel zurück – allzeit bereit, sofort auf die Erde zurückzukehren, sobald sich hier Anzeichen echten Glaubens bemerkbar machen.

In dem Maße, wie wir Gott und seine Gaben durch unsere Zweifel zu verkleinern versuchen, machen wir uns selbst klein – sehr klein und winzig.

Wenn Gott nicht lügt (– und das tut er nicht –) und wenn wir keine Berge versetzen (– und das tun *wir* nicht –), dann kann etwas mit unserem Glauben nicht stimmen. Es tut weh, dieser Tatsache ins Auge sehen zu müssen. Es macht traurig. Wie traurig müssen wir dann erst unseren himmlischen Vater machen, der uns in seiner grenzenlosen Liebe so reich beschenken will und doch ständig Zurückweisung und Verweigerung von unserer Seite erfährt!

Nach einer erfolgreichen, aber gänzlich unerwünschten Dämonenaustreibung saß Paulus, von den Schergen der Obrigkeit krankenhausreif geprügelt, gemeinsam mit Silas im Gefängnis. Die Vorgeschichte: Eine Sklavin, besessen von einem Wahrsagegeist, hatte die Männer Gottes tagelang verfolgt und permanent geschrien: »Diese Männer sind Knechte des allerhöchsten Gottes, die euch den Weg des Heils verkündigen.« Irgendwann hielt Paulus das ewige Geschrei nicht mehr aus. Außerdem wollte er sicherlich auch nicht von der Gegenseite legitimiert werden. Er gebot dem Geist auszufahren. Mit Erfolg. Das hatte Folgen. Denn die wahrsagende Sklavin hatte ihren Besitzern mit ihrer Wahrsagerei viel Geld eingebracht. Damit war jetzt Schluss, und somit lag in den Augen der Sklavenhalter ein schwerer Fall von Sachbeschädigung vor. Sie klagten Paulus und Silas der Volksverhetzung an. Ein großer Tumult entstand. Es gab Prügel und Gefängnis. Im Gefängnis fühlten sich Paulus und Silas gar nicht wohl, so brachten sie die Sache im Gebet vor Gott. Der ließ sich nicht lange bitten und schickte ein großes Erdbeben. »Alle Tore sprangen auf und die Ketten sämtlicher Häftlinge fielen ab!« (Apostelgeschichte 16,26). Ein Wunder von der Sorte, die nur allzu gern wegerklärt werden mit Vokabeln wie »Zufall« und »Naturereignis«.

Können mitternächtliche Gebete mit anschließendem Lob Gottes (Apostelgeschichte 16,25) ein Erdbeben auslösen? Was mögen Paulus und Silas gebetet haben? Vielleicht lautete ihr Gebet ungefähr folgendermaßen: »Geliebter himmlischer Vater! Du siehst, wir sitzen hier übel zugerichtet im Gefängnis. Unschuldig. Aber wir wissen, dass du allmächtig bist. Und wir wissen, dass du uns liebst. Deshalb wissen wir auch, dass du uns aus diesem Gefängnis herausholen wirst! Und weil wir das wissen, danken wir dir. Wie groß bist du! Wir lieben dich und wir danken dir für den neuerlichen Beweis deiner Liebe und Allmacht.«

Und dieser Beweis kam. Er konnte gar nicht ausbleiben. Denn Gott hatte Gefallen an Paulus und Silas. Warum? Weil sie Glauben hatten. »Ihr seht also, dass es unmöglich ist, ohne Glauben Gott zu gefallen« (Hebräer 11,6). Gott freut sich über Glaubensbereitschaft und Glaubensfähigkeit. Denn das zeigt ihm, dass wir uns für ihn entschieden haben. Es gefällt ihm, wenn wir ihm vertrauen. Gott honoriert den Glauben. Nichts ehrt ihn so sehr, wie ein starker Glaube. Unser Glaube versetzt Gott in Tätigkeit. Glauben heißt vertrauen. Wer Gott vertraut, wird nicht enttäuscht. Das Erdbeben beweist es. Der Glaube kann also nicht nur Berge versetzen, sondern auch ein Erdbeben auslösen. Da kann man nur ehrfürchtig staunen: über Gottes sichtbar gewordene Allmacht; über die Wunder, die der Glaube bewirkt; über die Macht des Gebetes und darüber, wie prompt Gott reagiert, wenn seine Kinder sich im Glauben Hilfe suchend an ihn wenden.

Gott ist heute noch derselbe wie vor zweitausend Jahren. Er hat sich nicht geändert. Vor zweitausend Jahren war er gern bereit, den Wünschen seiner Kinder zu entsprechen, wenn er echten, wahren Glauben vorfand. Man will uns einreden, die Zeit der Wunder sei vorbei. Viel nahe liegender aber ist der Verdacht, dass die Zeit des Glaubens vorbei ist!

Gott tut für uns nur das, was wir ihm auch zutrauen. Trauen wir ihm noch Wunder zu? Leben wir wirklich im Bewusstsein der Tatsache, dass Gott uns mehr liebt, als wir es verdienen, und dass er deshalb auch alles für uns tun wird, worum wir ihn bitten? Haben wir so viel Vertrauen zu Gott, dass wir uns felsenfest auf ihn verlassen? Ist uns wirklich klar, dass Gott nicht lügt? Dass er seine Versprechen einlöst und dass sein

Wort gilt? Sind wir bereit und in der Lage, Gott beim Wort zu nehmen auch dann, wenn er uns Dinge verheißt, die wir uns zunächst gar nicht vorstellen können? Gottes Aufträge, Vollmachten und Verheißungen in der Bibel sind ein Prüfstein für unseren Glauben. Gott fragt nicht danach, was wir sind und was wir können. Gott kann aus einem Hirtenjungen einen König machen. Gott kann aus einem ungebildeten Fischer einen wortmächtigen Redner machen. Er kann aus einem stammelnden Flüchtling den Retter seines Volkes machen. Aus einem Sklaven im Gefängnis macht er den zweitmächtigsten Mann Ägyptens.

Es ist nicht wichtig, was wir sind. Es ist nicht wichtig, was wir können. Wichtig ist nur, was Gott ist und was Gott kann: Er ist allmächtig, und er kann aus uns das machen, was er will. Vorausgesetzt, wir glauben an ihn. Nur das zählt.

Mit den Klugen, Begabten, Erfolgreichen hat Gott es schwer – sie glauben nur an sich selbst und an die eigenen Fähigkeiten. Mit solchen Menschen kann Gott nicht viel anfangen. Anfangen kann er etwas mit denen, die mit leeren Händen vor ihn treten und sagen: »Vater, ich bin nichts, ich kann nichts, ich habe nichts Großes vorzuweisen. Es gibt nichts, womit ich dich oder die Menschen beeindrucken könnte. Aber ich glaube an dich, und ich liebe dich, und ich weiß, dass du alles tun kannst. Ich stelle mich dir zur Verfügung. Ich kann nichts. Du kannst alles. Mach mit mir, was du willst.«

Solange wir uns auf die eigene Kraft, die eigene Intelligenz und die eigenen Fähigkeiten verlassen, kann Gott uns nicht gebrauchen. Brauchbar werden wir für ihn erst, wenn wir uns ganz auf ihn verlassen. Glauben heißt also auch: brauchbar sein für Gott. Solange ich selbst gesetzte Ziele aus eigener Kraft unter Mobilisierung meiner eigenen Fähigkeiten und Talente anstrebe, verweigere ich mich Gott. Wenn Gott Aufträge erteilt, verleiht er zugleich auch die entsprechenden Fähigkeiten. Er kann das aus uns machen, was wir sein sollen. Er kann uns das geben, was uns fehlt. Vorausgesetzt, wir wollen brauchbar für ihn sein. Das bedeutet: vorausgesetzt, wir glauben.

Gott gibt uns in der Bibel Aufträge, Vollmachten und Verheißungen, die uns vor eine Entscheidung stellen: Will ich das glauben oder nicht?

Wir müssen unsere Wahl treffen. Wie sie auch ausfällt – sie ist folgenschwer. Verweigern wir den Glauben, dann machen wir Gott zum Lügner. Glauben wir ihm, dann lassen wir uns auf das größte Abenteuer ein, das es gibt: Gott beim Wort zu nehmen. Wenn wir uns entschließen, in dem Maße an Gott zu glauben, wie er an uns glaubt, indem er uns Auftrag, Vollmacht und Verheißung gibt, dann müssen wir zunächst ein Wort aus unserem Vokabular streichen: das Wort »unmöglich«. Denn: »Alles ist möglich, für den, der glaubt« (Markus 9,23).

MITARBEITER

KAPITEL 2

DENN WIR SIND GOTTES MITARBEITER

Das konnte Satan nur als eine Kriegserklärung auffassen: Jesus war an den Jordan gekommen, um sich von Johannes taufen zu lassen. Als er aus dem Wasser stieg, tat sich der Himmel auf, und der Heilige Geist kam auf ihn herab in Gestalt einer Taube. Ein großer Moment in der Menschheitsgeschichte. Dann hörte man die Stimme Gottes. Er gab seinem Sohn Legitimation und damit auch Generalvollmacht. Gott sagte: »Dies ist mein geliebter Sohn, an ihm habe ich große Freude« (Matthäus 3,17). Das war gewissermaßen der Startschuss. Jesus – Gott, der Sohn – trat aus dem Schutz der Anonymität heraus und begann sein öffentliches Wirken. Die Herausforderung an das Reich der Finsternis war ausgesprochen.

Der erste Sieg in dem großen Kampf, der am Kreuz gewonnen werden sollte, wurde in der Wüste errungen. Den Anweisungen des Heiligen Geistes folgend, zog Jesus sich in die Einöde zurück. Vierzig Tage und Nächte hungerte er. Als er bis an den Rand des Zusammenbruchs geschwächt war, trat der Teufel zu ihm, um ihn zu versuchen. Sein Ziel: Jesus von Gott zu trennen, den Sohn vom Vater, wie es ihm ja auch schon gelungen war, den Menschen von Gott zu trennen – das Geschöpf vom Schöpfer. Drei listige Fallstricke legte er aus. Doch Jesus durchschaute Satans Hinterhältigkeit und reagierte vorbildlich. Genau so, wie der Vater es von ihm erwartet hatte.

Zunächst forderte der Feind ihn auf, seine Macht unter Beweis zu stellen und Steine in Brot zu verwandeln. Kein Zweifel: Das hätte Jesus gekonnt. Wer Wasser in Wein verwandeln kann, der kann auch Steine in Brot verwandeln. Aber er tat es nicht. Warum? Weil es nie klug ist, etwas zu tun, wozu Satan einen auffordert. (Wo wären wir heute, wenn Eva *das* gewusst hätte, bevor es zu spät war!)

Nun könnte man sagen: Wer Steine in Brot verwandelt, der hat das Problem des Hungers auf der Welt ein für alle Mal gelöst. Aber war Jesus gekommen, um unsere Mägen zu füllen? Sollte er an den Symptomen des Problems herumkurieren und darüber die Wurzel des Übels aus dem Blick verlieren? Genau dazu wollte Satan ihn verleiten. Denn die Ursache des Hungers ist nicht Brotmangel, sondern der Abfall des Menschen von Gott. Nach dem Sündenfall hatte Gott den Acker verflucht (1. Mose 3,18-19). Die kulinarische Üppigkeit des Paradieses hatten wir uns verscherzt. Seither ist der Mensch gezwungen, für sein tägliches Brot hart zu arbeiten. So will es Gott. Wer Steine in Brot verwandelt, stellt seinen eigenen Willen – und sei es auch in bester Absicht – über den Willen Gottes. Das ist schwere Sünde. Auch dazu wollte Satan Jesus verleiten.

Zwar ist der Acker mit einem Fluch belegt. Aber er liefert immer noch genug Erträge, um alle Menschen zu sättigen. Doch der Abfall von Gott zog eine Fülle weiterer Sünden nach sich. Habgier, Geiz und Egoismus beispielsweise, allesamt Folgen des Unglaubens. Solange die einen egoistisch an sich raffen, was die anderen zum nackten Überleben brauchen, wird es Hunger auf der Welt geben. Aber der Hunger ist nicht die Ursache des menschlichen Elends, sondern eine Folge davon. Also erteilte Jesus dem Teufel eine Abfuhr. Seine Antwort war ein Zitat aus dem Wort Gottes – denn wer könnte besser formulieren als Gott? – »Der Mensch ernährt sich nicht nur von Brot, sondern auch von jedem Wort Gottes« (Matthäus 4,4; 5. Mose 8,3). Damit signalisierte Jesus dem Teufel: Ich bin viel radikaler, als du denkst. Ich werde nicht die Folgen des von dir gewollten und verursachten Problems lösen, sondern das Problem selbst.

Eine schlimmere Antwort hätte Satan sich nicht einhandeln können. Diese Antwort war eine Kampfansage.

Der Angriff in Gestalt einer Versuchung, der nun folgte, übersteigt in seiner Komplexität und Perfidie unser menschliches Fassungsvermögen. Matthäus berichtet, Satan habe Jesus zunächst aufgefordert, sich von der Zinne des Tempels in Jerusalem zu stürzen – im Vertrauen auf die Zusage Gottes: »Er befiehlt seinen Engeln, dich zu beschützen. Sie werden dich auf ihren Händen tragen, damit deine Füße niemals stolpern« (Matthäus 4,6; Psalm 91,11-12). Sodann, fährt Matthäus fort, habe Satan dem Sohn Gottes alle Reiche dieser Welt gezeigt und gesagt: »Das alles schenke ich dir, wenn du vor mir niederkniest und mich anbetest« (Matthäus 4,9). Bei Lukas dagegen ist die Reihenfolge genau umgekehrt: Als Erstes forderte der Teufel den Sohn Gottes auf, ihn anzubeten, und danach erst verlangte er von Jesus, sich von der Tempelzinne zu stürzen (Lukas 4,5-12).

Ein Widerspruch? Welche Versuchung war denn nun wirklich die zweite und welche die dritte? Welche Reihenfolge stimmt?

So fragen wir, weil wir in der Denkgewohnheit nach dem Schema »entweder – oder« vorgehen. Nach unserer Gewohnheitslogik ist entweder eine Aussage richtig und die zweite, die ihr widerspricht, falsch. Oder die erste muss falsch sein, wenn die zweite richtig ist. Aber unsere Logik, »die Weisheit dieser Welt ist in Gottes Augen Torheit« (1. Korinther 3,19). Die Bibel enthält keine Widersprüche. Gott widerspricht sich nicht selbst.

Was ist es dann?

Wir haben es mit einer *komplementären* Aussage zu tun. Komplementär ist eine Wahrheit, die aus zwei Aussagen besteht, die einander widersprechen und sich so zu einer höheren, komplexeren Wahrheit ergänzen. Dieses Prinzip kennen wir aus der Atomphysik, die uns über das Wesen des Lichts belehrt hat: Das Licht hat sowohl die Natur einer Welle als auch die eines Teilchens. Beide Aussagen widersprechen einander. Trotzdem sind beide Aussagen wahr. Gemeinsam bilden sie eine komplementäre Wahrheit. Genauso verhält es sich auch mit dem scheinbaren Widerspruch hinsichtlich der Reihenfolge der Versuchungen in der Wüste bei Matthäus und Lukas.

Was folgt daraus? Dass die zweite und die dritte Versuchung in Wahrheit eine einzige ist. Dass also auch ein Sturz von der Zinne des Tempels gleichbedeutend gewesen wäre mit der Anbetung Satans. Dass der Versuch, Gott zum Handeln zu zwingen unter Berufung auf eine seiner Verheißungen, im tiefsten Kern identisch gewesen wäre mit dem Begehren nach der Herrschaft über alle Reiche dieser Welt. Dies wiederum wäre nichts anderes gewesen als Teufelsanbetung.

Satan kann also sogar unser Vertrauen in die Verheißungen Gottes dazu missbrauchen, dass wir letztlich ihn anbeten – vorausgesetzt, wir wollen Gott unseren Willen aufzwingen und stellen damit unseren eigenen Willen über den Willen des himmlischen Vaters. Das ist Magie. Magie ist ihrem Wesen nach nichts anderes als die Absolutsetzung des eigenen Willens. Sie ist eine Selbstvergötzung mit dem Ziel, sich überirdische Kräfte und Wesen dienstbar zu machen.

Jesus hat die Bodenlosigkeit dieser Versuchung sofort durchschaut und ihr widerstanden. Dasselbe erwartet Gott auch von uns. Jesus konterte abermals mit Zitaten aus der Heiligen Schrift: »Fordere den Herrn deinen Gott nicht heraus«, so beantwortete er die Aufforderung, sich von der Tempelzinne zu stürzen (Matthäus 4,7; 5. Mose 6,16). Die ungeheuerliche Aufforderung zur Teufelsanbetung schmetterte er ab mit dem Hinweis auf 5. Mose 6,13: »Du sollst den Herrn deinen Gott anbeten, nur ihm allein sollst du dienen« (Matthäus 4,10).

Wenn Versuchung Nummer zwei und drei in Wahrheit eine einzige sind, dann stellen auch beide Antworten eine Einheit dar. Sie ließe sich wie folgt in

Worte fassen: Du sollst Gott dienen und nicht versuchen, dir den himmlischen Vater dienstbar zu machen, und sei es auch aus den edelsten Motiven heraus. Gott ist nicht dein Erfüllungsgehilfe. Du darfst ihn und seine Macht nicht für die Durchsetzung deines eigenen Willens instrumentalisieren.

Wir kommen hier auf die zentrale Frage zu sprechen, die sich jedem stellt, der Gott nicht zum Lügner machen will. Wer Gott beim Wort nimmt und seine Aufträge, Vollmachten und Verheißungen nicht mit schroffer Zurückweisung beantwortet, muss den Unterschied zwischen Magie und Gehorsam kennen. Der Unterschied ist eigentlich ganz einfach. Der Gehorsam sagt: »Dein Wille geschehe«, während die Magie sagt: »*Mein* Wille geschehe.«

Jesus war gehorsam bis in den Tod. Er tat zahlreiche Wunder. Er heilte Kranke, weckte Tote auf, ging über das Wasser. Er speiste riesige Volksmengen mit wenigen Broten und Fischen, sodass, als alle satt waren, an Resten mehr übrig blieb, als zu Beginn vorhanden gewesen war. Er verwandelte Wasser in Wein. Er machte Blinde sehend. Er stillte den Sturm. Tat er es aus eigener Kraft? Nein: »Ich tue nichts, ohne den Vater zu fragen«, sagte er (Johannes 5,30). Tat er es aufgrund eines eigenen Willensentschlusses? Nein! »Mein Urteil ist vollkommen gerecht, weil es nicht meinem, sondern dem Willen des Vaters entspricht, der mich gesandt hat« (Johannes 5,30).

Jesus hat uns zur Nachfolge aufgerufen. Dies ist auch eine Nachfolge im Gehorsam. Er hat uns mit Vollmachten ausgestattet. Diese Vollmachten sind kein Freibrief dafür, dass wir in einen Allmachtswahn verfallen. Wer sich Auftrag, Vollmacht und Verheißung im Glauben aneignet, der muss lernen, in Übereinstimmung mit dem Willen Gottes zu handeln.

Wie erkenne ich den Willen Gottes? Ich selbst erkenne ihn überhaupt nicht. Aber der Heilige Geist kennt ihn. Er kann ihn uns offenbaren: »Niemand kann Gottes Gedanken erkennen, außer der Geist Gottes« (1. Korinther 2,11).

Wir haben als Gottes Kinder seinen Geist empfangen. Er ist in uns. Er ist eine Person, die keinen Körper hat und keinerlei Begrenzungen unterworfen ist. Der Heilige Geist ist die dritte Variante, wie Gott zu uns in Beziehung tritt. Der Heilige Geist ist Gott in uns. Eine Tatsache von so überwältigender Tragweite, dass wir uns in demütiger Verwunderung fragen müssen, womit wir diese ehrenvolle Auszeichnung verdient haben. Gott hat sich entschieden, in Gestalt des Heiligen Geistes in uns zu wohnen. In uns sterblichen, sündigen Kreaturen. Wir haben es nicht verdient, und wir sind dieser großen Ehre auch nicht würdig. Gott liebt uns einfach. Mehr als wir je begreifen werden. Er fragt nicht nach Verdienst und Würdigkeit. Er fragt nach Glauben. Nach dem Glauben an seinen Sohn, den er über alles liebt. Wo er diesen Glauben findet, überträgt er die Liebe zu seinem Sohn sofort auf den Menschen.

Wer sich also Auftrag, Vollmacht und Verheißung im Glauben aneignet, der muss lernen, mit dem Heiligen Geist zusammenzuarbeiten. »Denn wir sind Gottes Mitarbeiter« (vgl. 1. Korinther 3,9; Luther), wenn wir ihm den Gehorsam nicht verweigern.

KAPITEL 3

GOTT VON NUTZEN SEIN

Fassen wir unsere bisherigen Überlegungen zusammen: Wenn wir Gott nicht zum Lügner machen wollen, müssen wir uns seine Aufträge, Vollmachten und Verheißungen im Glauben aneignen. Um aber einem Abgleiten in die Magie vorzubeugen, müssen wir uns von Fall zu Fall vergewissern, ob unsere guten Absichten auch tatsächlich dem Willen Gottes entsprechen. Hier sind wir auf die Hilfe des Heiligen Geistes angewiesen, der als Einziger darüber Auskunft erteilen kann, worin der Wille des himmlischen Vaters besteht, dem wir uns dann im Gehorsam zu beugen haben. Nur die Kenntnis des göttlichen Willens schützt uns vor dem Sündenfall in die Magie.

Daraus leitet sich die Frage ab: Wie sieht die konkrete Zusammenarbeit mit dem Heiligen Geist in der Praxis aus?

Um dieser Frage auf den Grund zu gehen, müssen wir etwas weiter ausholen. Entscheidende Hinweise zur Klärung unserer Fragestellung finden sich in dem Buch »Der geistliche Christ« von Watchman Nee.[3]

Im Folgenden soll der Versuch gemacht werden, die Hauptgedanken dieser »Biblischen Psychologie« von Watchman Nee im Hinblick auf unsere Fragestellung vereinfachend zusammenzufassen.

Die Bibel lehrt die Dreiteilung des Menschen in Körper, Seele und Geist. Als Gott den Körper des ersten Menschen geschaffen hatte, blies er ihm den Odem des Lebens, den Geist also, in die Nase (1. Mose 2,7). »Unser Geist«, sagt Watchman Nee, »kommt unmittelbar von Gott (...). Unsere Seele (...) entstand, nachdem der Geist in den Körper kam.«[4] »Vor dem Sündenfall beherrschte der Geist durch die Seele das ganze Sein des Menschen.«[5] Die Seele, entstanden als Vermittlungsinstanz zwischen Geist und Körper[6], ist das »Medium, durch das der Geist auf den Leib einwirken kann«[7]. Sie besteht nach Watchman Nee als unser eigentliches Ich[8] und als »Sitz der Persönlichkeit«[9] aus den Komponenten des Willens, der Emotion und des Verstandes.

»Der Geist ist der Teil, durch den wir mit Gott in Verbindung kommen und durch den allein wir ihn zu fassen und anzubeten vermögen.«[10] Gottes Absicht bei der Erschaffung des Menschen war es, dass der Geist über die Seele herrschen sollte. Doch dieser Plan wurde durch den Sündenfall vereitelt.[11] Seither steht der unerneuerte Geist des Menschen, solange er nicht durch den Glauben an Jesus Christus die geistliche Wiedergeburt erfahren hat, unter der Herrschaft der Seele.[12] Die Seele als Trägerin der Willenskraft entscheidet, »ob die geistliche oder die natürliche Welt regieren soll« (im Leben des Menschen).[13]

Da sich die Seele des natürlichen Menschen im Regelfall für die Regentschaft der sichtbaren, materiellen Welt entscheidet, wird die Verbindung zu Gott abgeschnitten. So erreichte Satan durch den Sündenfall sein Ziel: das Geschöpf vom Schöpfer zu trennen. Denn durch »seinen Geist hat der Mensch Umgang mit der geistlichen Welt und dem Geist Gottes«[14]. Diesen vertrauensvollen Umgang wollte Satan unterbinden. Was ihm dann ja leider auch gelungen ist.

Im gefallenen (natürlichen) Menschen geschieht nun Watchman Nee zufolge eine unheilvolle Vermischung von Geist und Seele. »Darum muss beim Gläubigen, nachdem er wiedergeboren ist, eine Scheidung von Seele und Geist vollzogen werden«[15], damit unser

Geist, befreit von allen Verunreinigungen, die via Seele vom Körper her und seiner Verstrickung in die sinnliche Welt in ihn eingedrungen ist, wieder das werden kann, was er gemäß der ursprünglichen Zielsetzung Gottes sein sollte: Ein Wohnsitz Gottes. Denn »Gott wohnt im Geist, das Ich wohnt in der Seele, während die Sinne im Leib wohnen«[16].

Watchman Nee fährt fort: »Vor der Wiedergeburt ist der Geist vom Leben Gottes getrennt; erst nachher wohnt das Leben Gottes, des Heiligen Geistes, in unserem Geist. Dann wird er belebt, um Werkzeug des Heiligen Geistes zu sein.« Ist dies der Fall, dann geschieht Folgendes: »Der Geist Gottes selbst bestätigt uns tief im Herzen« (Römer 8,16), sodass wir Belehrung durch den Heiligen Geist empfangen können. Eindringlich weist Watchman Nee darauf hin, wie unabdingbar wichtig es ist, dass wir Gott bitten, uns den Unterschied zwischen Geistlichem und Seelischem zu lehren. Dass wir also im Gebet erbitten, Gott möge uns lehren zu unterscheiden zwischen dem, was von ihm kommt, und dem, was dem eigenen Ich entstammt.[17]

Ebenso wie die Seele besteht auch der menschliche Geist seinerseits aus drei Komponenten: aus dem Gewissen, der Intuition und der Kommunion.[18] Unter Kommunion versteht Watchman Nee die Gemeinschaft mit Gott im und durch das Gebet.[19]

Der Heilige Geist gibt seine Informationen an unseren Geist weiter. Diese Informationen werden vom

Geist durch die Intuition empfangen. Durch die Intuition, »die allerdings durch das Bewusstsein kontrolliert werden muss. Damit das unmittelbare Wissen zum fruchtbaren Erkennen werden kann, braucht es den Verstand«[20]. Der Verstand als Teilfunktion der Seele hat also die Aufgabe, das via Intuition im Geiste empfangene Wissen in Erkenntnisse umzuwandeln. Bildlich gesprochen: Der hoch konzentrierte Wissensextrakt, den unser Geist vom Heiligen Geist empfängt, wird quasi so verdünnt, dass er sich in Worte fassen und intellektuell verarbeiten lassen kann. Anders ausgedrückt: Das blitzartige Innewerden der Wahrheit auf der Ebene des Geistes, dieser Starkstrom-Zufluss an Wissen, wird quasi heruntertransformiert in menschliche Begrifflichkeit und auf diese Weise für die gedankliche Weiterverarbeitung vorbereitet. Das leistet der Verstand in seiner Funktion als Teilaspekt der Seele.

Watchman Nee zufolge ist es so, dass »Gott seinen Willen dem Menschen durch die Intuition offenbart«[21]. »Gott will, dass der Geist, der edelste Teil des Menschen, über den ganzen Menschen herrscht. Doch der Wille – der entscheidende Teil der Eigenpersönlichkeit – gehört zur Seele.«[22] Aber: »Nur wenn die Seele bereit ist, eine demütige Stellung einzunehmen, ist es dem Geist möglich, den ganzen Menschen zu führen.«[23]

Nach so viel geballter Theorie die Frage: Was heißt das alles konkret und praktisch?

Angenommen, wir wollen »Gottes Mitarbeiter« sein. Denn das ist von Seiten Gottes ja sogar sehr erwünscht. Angenommen also, wir wollen Gott als seine irdischen Mitarbeiter von Nutzen sein. Wie läuft so etwas konkret ab?

Meist beginnt es damit, dass Gott uns eine Last auferlegt. In unserem Inneren entsteht ein unbehaglicher Druck, der nach einem Ventil sucht. Wir spüren: Diese Last oder diesen inneren Druck können wir nur loswerden, wenn wir ihn als einen Auftrag verstehen, den es zu erfüllen gilt. »Darum, Brüder und Schwestern, wenn immer ihr euch innerlich bedrückt oder beklemmt fühlt, dann wisst, dass der Grund einzig und allein in der Nichterfüllung eures Dienstes vor Gott liegt«, diagnostiziert Watchman Nee.[24] Angesichts einer Problematik, die Gott uns vor Augen geführt hat, ist in uns diese quälende Mischung aus Mitleid und Empörung ausgelöst worden, die uns veranlasst, darüber nachzudenken, wie wirksame Abhilfe oder zumindest Erleichterung geschaffen werden kann. Uns bewegt die Frage, wie ein Missstand beseitigt, einem Übel abgeholfen, einem Menschen geholfen werden kann.

Einem treffenden Ausspruch zufolge ist »gut« das Gegenteil von »gut gemeint«. Unsere guten Absichten rein für sich genommen, unser Mitleid und unsere Hilfsbereitschaft legitimieren uns noch nicht dazu, konkrete Maßnahmen zu ergreifen. Zunächst müssen wir uns bemühen herauszufinden, wie der Wille Gottes in diesem speziellen Fall aussieht. Denn man kann nicht oft und eindringlich genug darauf hinweisen, dass wir den Sündenfall in die Magie riskieren, wenn wir in solchen Dingen spontan den ersten eigenen Willensregungen folgen. Magie ist Sünde. Sünde trennt uns von Gott. Etwas Schlimmeres kann nicht passieren, als von Gott getrennt zu sein.

Was ist also zu tun? Wir wenden uns im Gebet vertrauensvoll an Gott mit der Bitte, er möge uns durch den Heiligen Geist seinen Willen offenbaren. Es ist hoffentlich überflüssig zu betonen, dass dieses Gebet ernst und aufrichtig sein muss. Es muss getragen sein von dem ehrlichen Wunsch, den Willen Gottes in Erfahrung zu bringen, um an seiner Verwirklichung mitzuarbeiten, und nicht von dem Bedürfnis, grünes Licht für die eigenen Absichten zu bekommen. »Dein Wille geschehe« muss – nicht in einem fatalistischen Sinne, sondern als ein Signal der Gehorsamsbereitschaft, wie auch immer die Antwort ausfallen mag – der Grundtenor unseres Gebets sein.

Es ist bekannt, dass Gott in manchen Fällen Leid, Elend und Krankheit zulässt, den Teufel also ungehindert wüten lässt, weil aus bestimmten Gründen nur auf diese Weise Gottes Pläne realisiert werden können. Das mag aus unserer Sicht oft bedauerlich sein. Aber wir dürfen sicher sein, dass alles Schlimme, was Gott zulässt, grundsätzlich das kleinere Übel ist und letztlich zu etwas Gutem führt. Auch wenn wir das aus unserer menschlichen Perspektive zunächst nicht erkennen können. Diese Tatsache müssen wir bei allem, was wir wünschen und beabsichtigen, stets im Hinterkopf behalten.

Wir haben nun also gebetet. Da Gott rund um die Uhr gesprächsbereit und ansprechbar für seine Kinder ist, wird die Antwort nicht lange auf sich warten lassen. Den Ausführungen Watchman Nees folgend, können wir das, was nun passiert, etwa folgendermaßen in Worte fassen: Gott, der Heilige Geist, teilt unserem Geist, präziser: unserer Intuition, die Antwort mit. Das funktioniert natürlich nur, wenn unser Geist von allen seelischen Verunreinigungen frei ist, das heißt, wenn unser Ich, unser Eigenwille, unsere Emotionen nicht dazwischenfunken.

Damit das nicht passieren kann, ist es so ungeheuer wichtig, dass wir von Gott die Gabe der Unterscheidungsfähigkeit zwischen Seelischem und Geistigem erbitten. Die Seele, also unser eigentliches Ich, schwebt permanent in der Gefahr, sich von ungezügelten Emotionen beherrschen zu lassen. Im Vergleich zu dem Radau der eigenwilligen Seele, die sich oft wie ein bockiges Kind aufführt, das seinen Kopf durchsetzen will, ist die Stimme des Geistes sanft und leise. Daher kann sie leicht übertönt oder überhört werden. Das geballte Störfeuer ungefilterter Emotionen, so gut und edel sie auch sein mögen, kann unsere Empfangsbereitschaft für Mitteilungen des Heiligen Geistes an unseren Geist, an unsere Intuition, übertönen. Dann kann es sogar passieren, dass wir, verleitet vom Wunschdenken oder der Intensität unserer Gefühle, die Willensäußerung unseres eigenen Ichs mit der unseres himmlischen Vaters verwechseln. Das darf aber unter keinen Umständen geschehen.

Was können wir tun? Zunächst natürlich Gott um gesunde Unterscheidungsfähigkeit bitten. Förderlich ist es auch, wenn wir durch Selbstbeherrschung eine Art disziplinierte innere Ruhe in uns erzeugen. Das heißt, unsere Willenskräfte dazu mobilisieren, dass die Regungen der Seele im Zaum gehalten werden. Das ist nicht leicht, aber – mit Gottes Hilfe – kann es gelingen und wird dann von Mal zu Mal leichter, bis es schließlich Gewohnheitsroutine ist.

Angenommen nun, wir haben durch Intuition die Antwort Gottes auf unser Gebet um Kundgabe seines Willens erhalten. Dann ist in uns ein zweifelsfreies Wissen, eine unumstößliche Gewissheit, die der Verstand in Worte zu übersetzen beginnt.

Hat Gott uns durch seinen Heiligen Geist signalisiert, dass er unser Eingreifen in den Gang der Dinge nicht wünscht, weil dadurch seine Pläne durchkreuzt würden, dann sind wir zum Gehorsam verpflichtet und müssen untätig bleiben – was nicht notwendigerweise bedeutet, dass uns nicht trotzdem ein demütiges Fürbittegebet erlaubt wäre. Ein Gebet um

Abmilderung des unvermeidlichen Übels und um Gnade wird Gott wohl kaum als Ungehorsam auffassen, sondern gegebenenfalls trotzdem gern berücksichtigen.

Im Idealfall erhalten wir via Intuition als Antwort auf unser Gebet von Gott den Auftrag, für ihn und mit ihm tätig zu werden.

Nun könnte man fragen: Braucht Gott unsere Mitarbeit überhaupt, wenn er allmächtig ist? Haben uns Anmaßung und Größenwahnsinn den Verstand vernebelt, wenn wir uns einbilden, dass der Schöpfer des Universums, der Erfinder und Konstrukteur des Lebens, der in seiner Genialität alles Sichtbare und Unsichtbare geschaffen hat und nach seinen Plänen lenkt, dass Gott, dem nichts unmöglich ist, zur Verwirklichung seiner Ziele unvollkommene, fehlbare, sündenanfällige Mitarbeiter wie uns benötigen könnte?

Dass er seinen Engeln Aufträge erteilt, damit sie in seinem Namen tätig werden, ist bekannt. Das weiß jeder. Ein Engel Gottes ist ja auch kein zaghafter, von Zweifeln geplagter Schwächling, sondern ein starker Held, der, frei von jeder Begrenzung oder Einschränkung durch einen materiellen Körper, den Willen Gottes zur Ausführung bringt – zuverlässig, fehlerfrei und prompt. Wenn Gott also ein unüberschaubares Heer vollkommener, zuverlässiger, starker Geschöpfe zur Verfügung steht, von denen er weiß, dass sie ihn nicht enttäuschen werden, warum sollte er dann auf so unvollkommene, unzuverlässige und schwache Kreaturen wie uns zurückgreifen wollen, wenn er einen Auftrag zu vergeben hat? Geht er damit nicht ein zu großes Risiko ein?

Gott ist mit seiner Liebe zu den Menschen von Anfang an ein großes Risiko eingegangen. Das begann schon damit, dass er Adam und Eva mit dem Geschenk der Willensfreiheit ausstattete. Denn dadurch, dass er uns die Willensfreiheit gab, hat er seine eigene Allmacht freiwillig einer gewissen Beschränkung unterworfen. Das müssen wir uns klarmachen: Gott verzichtet auf die uneingeschränkte Ausübung seiner Allmacht, damit der Mensch, sein Geschöpf, frei sein kann. Frei in seinen Entscheidungen, frei aber auch in seiner Möglichkeit, diese Freiheit zu missbrauchen. Gott wollte keine ferngelenkten Roboter, als er die Menschen schuf. Er gab uns die Willensfreiheit – und er respektiert unsere Willensfreiheit.

Warum? Wenn Gott ein so gigantisches Risiko eingeht, dann doch nur im Bewusstsein der Tatsache, dass es sich auch wirklich lohnt. Kosten und voraussichtlicher Nutzen stehen in seinen Augen offenbar in einer vertretbaren Relation zueinander. Gott tut nichts Unsinniges. Seine Pläne sind genial. Was also war sein Ziel, als er uns das Geschenk der Willensfreiheit machte? Wozu geht er das Risiko unserer Freiheit auf Kosten seiner Freiheit ein? Zu welchem Zweck beschneidet er seine eigene Freiheit zu Gunsten unserer Freiheit? Warum bringt Gott dieses Opfer für uns?

Wenn uns an Gottes Handeln etwas rätselhaft erscheint, ist die Antwort immer: Liebe.

Viele kleine Mädchen sind entzückt von Puppen, die auf Knopfdruck den Satz abspulen: »Ich hab dich lieb!« Gott nicht. Seine Ansprüche sind höher. Er liebt, und er will geliebt werden. Dafür ist ihm kein Preis zu hoch. Dafür ist er alle Risiken eingegangen. Ohne Freiheit kann es bedingungslosen Gehorsam geben, marionettenhafte Dienstbeflissenheit in Perfektion oder unterwürfige Demutsbekundungen auf entsprechenden Befehl hin vielleicht. Aber keine Liebe. Sollte Gott sich mit weniger als dem Absoluten zufrieden geben?

Die Liebe ist ein Kind der Freiheit. Also gab er uns die Freiheit, damit wir ihn lieben können. Das war sein Ziel. Und das hat er ja auch schon sehr oft erreicht.

Die Welt ist entstanden, und die Welt wird vergehen. Solange sie aber besteht, wird Gott aufgrund unserer Freiheit in seiner Freiheit eingeschränkt sein. Also muss er bei allem, was er beabsichtigt, in gewissem Umfang Rücksicht auf uns nehmen. Er will nichts tun, was wir nicht wollen, denn das würde bedeuten, dass er uns das Privileg der Freiheit wieder entziehen müsste. Dies hätte zur Folge, dass wir ihn nicht mehr lieben könnten. Dann wäre das Ziel der Schöpfung verfehlt. Dann hätte Gott seine eigenen Pläne umgeworfen. Aber das tut er nicht, denn »der Ratschluss des Herrn bleibt ewiglich, seines Herzens Gedanken für und für« (Psalm 33,11).

Was folgt daraus? Wenn Gott hier auf dieser Welt nichts gegen unseren Willen tut, dann kann er im Grunde erst dann tätig werden, wenn wir ihn freiwillig darum bitten. Tun wir das nicht, dann sind ihm durch unseren Unglauben die Hände gebunden.

Diese Überlegungen sind an Kühnheit kaum zu übertreffen. In diese Schwindel erregende Höhe des Glaubensdenkens empor gewagt hat sich Watchman Nee.[25] »Gott«, sagt Watchman Nee, »hat seinen eigenen Wunsch und Willen, wartet aber nichtsdestoweniger auf Menschen, die darum bitten«, dass er ihn auch tut.[26] So »sehen wir den Grundsatz göttlichen Wirkens, das Geheimnis seines Handelns: was immer er zu tun gedenkt – wenn der Mensch nicht will, wird er es auch nicht tun«[27]. Seine These, »dass die Handlung auf Erden der Handlung im Himmel vorangeht«[28], stützt er auf die Worte von Jesus in Matthäus 18,18: »Was ihr auf der Erde verbietet, ist auch im Himmel verboten, und was ihr auf der Erde erlaubt, ist auch im Himmel erlaubt.« Daraus folgt, dass »Gott will, dass die Erde den Himmel zum Handeln bewegt«[29]. Denn »die himmlische Anregung kommt erst dann auf Erden zur Ausführung, wenn er (= Gott) sicher ist, dass der gleiche Wille auf Erden vorhanden ist«[30].

Fassen wir zusammen: Gott schenkte uns die Willensfreiheit. Daraus folgt in letzter Konsequenz, dass er auf unsere Mitarbeit angewiesen ist. »Der Mensch«, schreibt Hans Rohrbach[31], »ist dasjenige Lebewesen, dem Gott sich offenbart hat, das Gott durch seinen Anruf zu einem echten Gegenüber gemacht hat, zu einem Partner, dem Gott Aufträge gibt.«[32] Wir heben die Begrenzung der göttlichen Allmacht, die durch unsere Willensfreiheit bedingt ist, wieder auf, wenn wir bereit sind, mit unserem himmlischen Vater zusammenzuarbeiten. Dürfen wir uns als Kinder Gottes bezeichnen, wenn wir ihm diesen Dienst verweigern?

KAPITEL 4

GEISTIGE SEHKRAFT

Wir haben den Auftrag, gegen einen längst besiegten Feind zu kämpfen.

Jesus Christus, der Sohn Gottes, besiegte am Kreuz von Golgatha endgültig alle Widersachermächte inklusive ihres Oberhauptes.

Jesus hat uns zur Nachfolge berufen. Jetzt sind wir also dran. Er hat uns gezeigt, dass es geht und wie es geht. Dass es leicht wird, hat Jesus nicht gesagt. »Doch Gott ist treu. Er wird die Prüfung nicht so stark werden lassen, dass ihr nicht mehr widerstehen könnt. Wenn ihr auf die Probe gestellt werdet, wird er euch eine Möglichkeit zeigen, trotzdem standzuhalten« (1. Korinther 10,13). Klingt das nicht beruhigend? Also: »Werdet stark durch den Herrn und durch die mächtige Kraft seiner Stärke! Legt die komplette Waffenrüstung Gottes an, damit ihr allen hinterhältigen Angriffen des Teufels widerstehen könnt. Denn wir kämpfen nicht gegen Menschen aus Fleisch und Blut, sondern gegen die bösen Mächte und Gewalten der unsichtbaren Welt, gegen jene Mächte der Finsternis, die diese Welt beherrschen, und gegen die bösen Geister in der Himmelswelt« (Epheser 6,10-12).

Das Christentum ist keine hochkomplizierte Lehre, die Universitätsdiplome und Doktortitel voraussetzt. Jeder kann verstehen, worum es geht. Vorausgesetzt, er will. Zunächst die schlechte Nachricht: Wir sind von Geburt an als Sünder im Zustand der Gottesferne und damit der Herrschaft des Bösen unterworfen. Daher kommt all unser Elend. Doch nun die gute Nachricht: Jesus Christus hat bereits alles für uns erledigt, was getan werden musste, damit wir mit Gott versöhnt sind. Er hat uns gerettet, und alles, was von uns erwartet wird, ist, dass wir diese Tatsache akzeptieren. Ist das wirklich so schwer?

Wenn wir uns als Gottes Mitarbeiter für das Gute einsetzen wollen, müssen wir wissen: Alles Schlechte wird direkt oder indirekt von Satan verursacht.

Nicht jeder ist bereit und in der Lage, diese einfache Tatsache zur Kenntnis zu nehmen. Das erleichtert dem Feind die Arbeit natürlich ungemein. Einer seiner raffiniertesten Einfälle ist es gewesen, den Menschen einzureden, es gäbe ihn gar nicht. Das bringt ihm große Vorteile, die auf der Hand liegen. Wenn ich mir einbilde, der Teufel sei lediglich eine Art symbolische Personifizierung des Bösen in der menschlichen Seele und kein körperloses, aber nichtsdestoweniger lebendiges Wesen mit Eigenschaften, Fähigkeiten und Zielen, dann hat er leichtes Spiel. Dann kann ich bestenfalls als Hobby-Psychologe therapeutische Sozialarbeit betreiben in der Hoffnung, ich würde dadurch etwas zur Beseitigung des Bösen beitragen. In diesem Fall bin ich dann allerdings der Versuchung erlegen, an den Symptomen herumzukurieren, ohne bis zu den Ursachen vorzudringen. Genau darin bestand die erste Versuchung von Jesus in der Wüste. Er hat den Trick sofort durchschaut und widerstanden. Sollten wir ihm nicht auch darin folgen?

Wenn wir die reale Existenz des Teufels in Abrede stellen, bekommen wir ernsthafte Probleme mit der Frage nach der Herkunft des Bösen in der Welt. Dann müssen wir die Hilfshypothese aufstellen, Gott habe das Böse als eine Art spirituellen Evolutions-Faktor erschaffen. Aber – hätte er das nötig gehabt? Als Gottes Schöpfung am Ende des sechsten Tages vollendet war, geschah Folgendes: »Gott sah an alles, was er gemacht hatte, und siehe, es war sehr gut« (1. Mose 1,31).

Dies bringt uns zu der Schlussfolgerung: Gott war nicht der Ansicht, dass seine ursprüngliche Schöpfung noch weiter verbessert werden müsste. Also hätte er auch keinen Grund gehabt, das Böse zu erschaffen, damit seine Schöpfung noch besser würde. Die Schöpfung war perfekt. Der Mensch war perfekt. Gott war sehr zufrieden. Wieso hätte er auf den Gedanken verfallen sollen, den Menschen durch das Böse noch besser zu machen?

Es ist durchaus möglich, Gott zu dienen und Jesus Christus zu lieben, ohne zugleich als bibeltreuer Christ dem Wort Gottes zu glauben, das uns unzweideutig die Existenz des Teufels bezeugt. Aber ist es auch möglich, unter dieser Voraussetzung ein Mitarbeiter Gottes zu sein, der ihm von Nutzen ist?

Vielleicht hier und da in begrenztem Umfang. Wir können Gott auch dienen, indem wir auf dem Gemeindebasar selbst gebackene Kekse verkaufen, damit von den Einnahmen unsere Kirchenorgel saniert werden kann. (Jede Gabe zählt!) Aber auch an aktiven Gebetskämpfern hat Gott seine Freude.

Wie unbändig muss die Freude von Jesus Christus gewesen sein, als er in Pfarrer Blumhardt einen Mann so recht nach seinem Herzen gefunden hatte. Ein Mensch, in dem und durch den er ungehindert wirken und seine Macht erweisen konnte! Wodurch hatte sich Pfarrer Blumhardt für die gigantischen Gnadenerweise, mit denen der Herr ihn überhäufte, qualifiziert? Durch nichts weiter als sein unverbrüchliches Vertrauen in die buchstäbliche Wahrheit all dessen, was die Bibel uns bezeugt. Durch seinen Glauben also. Dadurch, dass er Gott beim Wort nahm.

Über das Thema »Gut und Böse« sind ganze Bibliotheken gefüllt worden. Hauptsächlich von Leuten, die schlauer sein wollten als die Bibel – Adams Kinder in bester Sündenfalltradition, die selbst erkennen und festlegen wollten, was gut und böse ist. Wer durch Jesus aus dieser fragwürdigen Tradition herausgelöst worden ist, dem sind die Augen dafür aufgetan, wie einfach die Wahrheit ist, nach der ganze Generationen gottesferner Denker vergeblich gesucht haben: »Gut ist allein das, was dem Willen Gottes entspricht. Böse ist allein das, was dem Willen Gottes entgegensteht.« So einfach kann man die Sache auf den Punkt bringen.[33] Denn: »Es ist dir gesagt, Mensch, was gut ist und was der Herr von dir fordert, nämlich Gottes Wort halten und Liebe üben und demütig sein vor deinem Gott« (Micha 6,8). Entsprechend ist das Gegenteil davon also böse.

Daran können wir uns halten oder auch nicht. Wir haben die freie Wahl. Diese Wahl zu treffen ist die Hauptaufgabe unseres Lebens. Alles hängt davon ab, wie wir uns entscheiden. Wer einen intellektuellen Ekel vor der Schlichtheit dieser einfachen Wahrheit hat, der kann in den Bibliotheken der gottesfernen Denker nach Philosophien und Theorien suchen, die ihm besser zusagen. Sein freier Wille berechtigt ihn dazu. Irgendetwas Interessantes wird er sicherlich finden. Den Weg, die Wahrheit und das Leben wird er dort jedoch bestimmt nicht finden. Wer sich aber mit weniger als genau dem nicht abspeisen lassen will, der wendet sich vertrauensvoll an den Herrn. Dort wird er in schlichten Worten finden, was auch den höchsten Ansprüchen an Wahrheit genügt.

»Wo immer Irrtum und Lüge herrschen«, schreibt Hans Rohrbach, »ist der Teufel am Werk.«[34] Das ist praktisch überall im weltlichen Bereich der Fall. Daraus leitet sich diejenige Haltung des Christen ab, die Otto Michel den »Kampfcharakter der christlichen Existenz« genannt hat.[35] Zur Erinnerung: Wir »kämpfen nicht gegen Menschen aus Fleisch und Blut, sondern gegen die bösen Mächte und Gewalten der unsichtbaren Welt, gegen jene Mächte der Finsternis, die diese Welt beherrschen, und gegen die bösen Geister in der Himmelswelt« (Epheser 6,12). Das hat schon Jesus getan, und wir haben einigen Grund zu der Annahme, dass er dasselbe auch von seinen Nachfolgern erwartet. Aber: »Nicht aus eigener, nur mit seiner (= Jesu) Kraft können wir den Kampf bestehen.«[36] Jesus überfordert niemanden, den er zu seinem Mitarbeiter beruft. Denn: »Wir brauchen nur unser Haupt zu neigen und zu sagen: Herr, ich kann nicht, und er wird für uns tun.«[37] Solange wir in Christus sind, stehen wir auf der Siegerseite. Wir haben dann Anteil an allem, was er ist und kann. Konsequenterweise besteht daher das wichtigste Ziel des Widersachers darin, uns aus dieser uneinnehmbaren Festung herauszulocken. Er »legt es (...) in erster Linie nicht darauf an, uns in eine besondere Sünde zu locken, sondern einfach, uns aus eigener Kraft handeln zu lassen. Und sowie wir aus unserer Geborgenheit in Christus heraustreten, hat er einen Sieg über uns errungen. (...) Der göttliche Weg zum Sieg gestattet nicht, dass wir irgendetwas außerhalb Christi unternehmen«[38]. Warum ist das so? Weil »in Christus leben (...) bedeutet, dass alles, was für ihn gilt, auch in mir ist«[39]. Umgekehrt gilt: »Getrennt von mir könnt ihr nichts tun« (Johannes 15,5). Jedenfalls nichts, was Gott von Nutzen wäre.

Für jeden, der Gottes Mitarbeiter sein möchte, gilt daher der wichtigste »Sicherheitshinweis«, dass wir stets in Christus bleiben müssen. Sonst haben wir nicht nur verloren, sondern sind es auch. Vergegenwärtigen wir uns: »Der Teufel will nicht gute Menschen schlecht und böse Menschen noch böser machen, sondern sucht den Menschen einzureden, dass sie ohne Jesus frei und gut sein können.«[40] Gelingt ihm das, dann sind wir abgeschnitten von der Quelle unserer Stärke. Dann sind wir wieder das, was wir von Natur aus sind: gefallene Kreaturen, schutzlos und verloren umherirrend in einer Welt, die dem gnadenlosen Gesetz der Sünde unterworfen ist und sich im Zustand der Verdammnis befindet. Wer diese erbärmliche Art des Vegetierens bereits durchlitten hat, wird sich kaum danach zurücksehnen.

Jesus hat den Satan besiegt und die Welt überwunden. Solange wir in ihm sind und bleiben, quasi als die Zellen seines physischen Körpers, den man Gemeinde nennt, haben wir Anteil an seinem Triumph. Die Alternative dazu ist bei näherer Betrachtung derart kläglich, dass sie nicht ernsthaft in Betracht gezogen werden kann. Ein flüchtiger Blick hinter die verlockenden Fassaden der Welt genügt, um diese Mischung aus Ekel und Mitleid zu empfinden, die genau genommen schon ein Auftrag, eine Last, eine Aufgabenstellung ist. Ein Problem, auf das Gott uns mit der Nase stößt, weil er es gelöst haben will und wieder mal auf Mitarbeitersuche ist.

Wer sich bei der Wahl zwischen Glauben und Unglauben richtig entschieden hat – damit die Hauptaufgabe seines Lebens zufrieden stellend gelöst hat –, für den ist in letzter Konsequenz auch die Frage nach Gut und Böse beantwortet: »Gut ist allein das, was dem Willen Gottes entspricht.«

Vielleicht ist die Welt ein riesengroßes Schachbrett, auf dem die Figuren selbst entscheiden dürfen, welche Farbe sie haben wollen – und von wem sie sich bewegen lassen wollen. Wer meint, dieser Entscheidung ausweichen zu können, der hat sie bereits getroffen: »Bevor wir zu ihm (= Jesus) gehören, (...) befinden wir uns nicht in einem neutralen Niemandsland, sondern sind Satan untertan«[41]. Denn: »Alle, die sich in der Welt befinden, sind ungeachtet ihres persönlichen Benehmens, bereits gerichtet und im Zustand der Verdammnis«[42].

Man muss die Dinge so klar beim Namen nennen. Mit Schönfärberei ist niemandem gedient. Scheuklappen vor den Augen sind kein geeignetes Mittel zur Verbesserung der Sehkraft. Gott setzt bei seinen Mitarbeitern geistige Sehkraft voraus. Ansonsten können wir ihm nicht wirklich von Nutzen sein.

KAPITEL 5

VOM NUTZEN DER VERLORENEN SÖHNE

Auftrag: »Macht die Kranken gesund, erweckt die Toten zum Leben, heilt die Aussätzigen und treibt böse Geister aus« (Matthäus 10,8).

Vollmacht: »Eines Tages rief Jesus seine zwölf Apostel zu sich und gab ihnen Vollmacht, Dämonen auszutreiben und Krankheiten zu heilen. Dann sandte er sie mit dem Auftrag aus, allen Menschen vom

Kommen des Reiches Gottes zu erzählen und die Kranken gesund zu machen« (Lukas 9,1-2).

Verheißung: »Und diese Zeichen werden die begleiten, die glauben: Sie werden in meinem Namen Dämonen austreiben und sie werden neue Sprachen sprechen. Sie werden Schlangen anfassen oder etwas Tödliches trinken können, und es wird ihnen nicht schaden. Sie werden Kranken die Hände auflegen und sie heilen« (Markus 16,17-18).

Das hat ja alles eine Zeit lang wunderbar geklappt. Auftrag, Vollmacht und Verheißung waren klar. Es wurde getan, was der Herr befohlen hatte – auch noch nach seinem Tod. Die Apostelgeschichte ist voll von Erfolgsgeschichten. Mit der Zeit ließ die anfängliche Begeisterung nach, die Glaubenskraft erlahmte. Heute müssen wir manchmal dankbar sein, wenn unser Pastor uns nicht zum Psychiater schickt, sobald wir mit einem seelsorgerischen Problem an ihn herantreten.

Unsere ausgehungerten Seelen schreien nach geistlicher Nahrung, nach kompetenter Hilfestellung auf dem Weg der Sinnfindung, der uns geradewegs in die liebevoll ausgebreiteten Arme von Jesus Christus führen soll. Aber wir können den Weg nicht zu Ende gehen. Auf halber Strecke geht uns die Kraft aus. Wer sich mit dürren Brosamen abspeisen lassen muss (nach dem Motto: »Was in der Bibel steht, ist doch nicht wörtlich gemeint.«), dem geht bald die geistliche Kraft aus. Eine Sättigung des Hungers der Seele findet auf diese Weise nicht statt.

Wenn mir die seelische Sättigung versagt wird, was passiert dann mit mir? Da kommen vielleicht diese freundlichen Damen an meine Haustür, die behaupten, der wahre Name Gottes sei nicht »geliebter Vater«, sondern »Jehova«, und rauben mir den letzten Rest an gesunder Heilszuversicht, wenn ich mit ihnen rede oder ihre mitgebrachten Druckerzeugnisse lese. Dann bin ich bald bereit für andere Heilslehren, die bei all ihrer Verschiedenheit doch eines gemeinsam haben: Sie bringen mich in größtmögliche Entfernung zu Jesus Christus. Die Einstiegsdroge ist vielleicht das Zeitungshoroskop. Nächste Station ist evtl. ein Heilpraktiker, dann Bücher, Seminare und entsprechende Gruppen. Da wird mir dann ein schlechter Ersatz geboten für das, was ich ursprünglich gesucht habe. Aber ich bin ja bescheiden geworden und gebe mich damit zufrieden. So gerate ich in immer tiefere Verstrickung in den Okkultismus. Irgendwo hoch oben ist jemand unendlich traurig und überlegt fieberhaft, wie er mir helfen kann. Gut, wenn er dafür Mitarbeiter findet, die Gott von Nutzen sind.

Um nicht missverstanden zu werden: Wir brauchen die Kirche bzw. Gemeinde. Denn wir sind die

Kirche/Gemeinde. Es soll keiner Kirchenverdrossenheit das Wort geredet werden. Aber wenn meine Pastorin nach dem Bibelkreis ihr blankes Entsetzen darüber kaum verbergen kann, dass ich nicht ihre Ansicht teile, es habe sich bei den drei Versuchungen von Jesus in der Wüste lediglich um einen inneren Vorgang gehandelt und der Teufel sei nichts anderes als eine symbolische Personifizierung seiner inneren Konflikte, dann gehe ich zunächst einmal nicht ganz zufrieden nach Hause. Ich fühle mich wie ein abgewiesener »Geistesasylant«, dem mal wieder die Aufnahme in eine geistige Heimat verwehrt worden ist.

Das Wüten gegen alles, was den Rahmen unserer alltäglichen Vorstellungskraft überschreitet, war eine ungesunde Modeerscheinung, die bis in die erste Hälfte des zwanzigsten Jahrhunderts hinein Schützenhilfe von der Naturwissenschaft erhielt. Danach nicht mehr. Wer die komplexe Wirklichkeit auf das Bonsai-Format des sinnlich Wahrnehmbaren zurechtstutzen will, braucht mit den Physikern nicht mehr zu rechnen.[43]

Wer seinen Auftrag darin sieht, die Welt zu »entmythologisieren«, der tut dies aus einer Glaubensentscheidung heraus, die sich nicht mehr darauf berufen kann, die Erkenntnisse der modernen Wissenschaft hätten ihn leider dazu gezwungen. Wer das Wunder wegerklären will, der tut es nur noch deshalb, weil ihm entweder das sichtbare Wirken der göttlichen

Allmacht aus tiefster Seele zuwider ist, und/oder deshalb, weil er es selbst noch nicht erlebt hat. Beides ist höchst bedauerlich, rechtfertigt aber nicht den Anspruch, schlauer sein zu wollen als die Bibel.

Es kann auf dieser Welt kein Vakuum geben. Wo etwas verschwindet und eine Lücke hinterlässt, da kommt etwas anderes und füllt diese Lücke aus. – Wobei das, was die Lücke ausfüllt, nicht notwendigerweise besser sein muss als das, was durch sein Verschwinden die Lücke entstehen ließ. Wenn mir meine Kirche oder Gemeinde die geistliche Nahrungszufuhr verweigert oder mich auf Glaubensdiät setzt, dann treibt mich der Hunger meiner Seele an die Fleischtöpfe Ägyptens, Asiens oder in die New-Age-Fastfoodketten hinein. Denn sie servieren einen bunten Eintopf aus allem, was die Menschheit jemals als Alternative zu dem lebendigen Brot, das vom Himmel gekommen ist, ersonnen hat und von dem gilt: »Ich bin das Brot des Lebens« (Johannes 6,48). Und: »Wer dieses Brot isst, wird ewig leben« (Johannes 6,51).

Nun könnte man einwenden: Was willst du überhaupt? Wenn deine Seele einen Vitaminstoß braucht, kannst du Bach hören. Und keiner hindert dich daran, die Bibel zu lesen, wie du willst und solange du willst. Damit ist die seelische Grundversorgung doch gewährleistet! Schon richtig. Aber hatte Jesus das im Sinn, als er Petrus in seiner Funktion als Felsen, auf den er seine Kirche gründen wollte, dreimal – also mit allem Nachdruck – befahl, seine Schafe zu weiden (Johannes 21,15ff.)? Erging dieser Befehl nur an Petrus? An ihn allein? Oder nicht generell an alle (hauptamtlichen) Kirchen- und Gemeindemitarbeiter? Soll ich quasi in die innere Emigration gehen, zähneknirschend meine Kirchensteuer weiter bezahlen und den Glauben zu einer Privatveranstaltung im stillen Kämmerlein verkommen lassen?

Ich will geweidet werden! In einer großen, lebendigen Herde. Und zwar genau so, wie Jesus es seinen hauptamtlichen Mitarbeitern befohlen hat. Den Auftrag hat er erteilt. Es ist nicht bekannt, dass er ihn zwischenzeitlich widerrufen hätte. Wenn die Schäfchen nicht ordnungsgemäß geweidet werden, wenn sie nicht unter liebevoller Aufsicht auf fetten Weidegründen grasen können, dann treibt der Hunger sie auseinander. Die Herde löst sich auf. Ein Schaf läuft in diese Richtung, eines in die entgegengesetzte – schutzlos allen Gefahren ausgesetzt, die einem einsamen Schaf in der Wildnis begegnen können.

Es gab mal Hirten, die ihre Herde kurzfristig im Stich ließen, um ein einziges verirrtes Schäfchen zu suchen, zu finden und zu retten. Jesus hat uns davon erzählt. Er selbst war so ein Hirte. Die Vernachlässigung der Herde ist dem Hirten also nur dann erlaubt, wenn es gilt, ein verirrtes Schaf zu retten. Mittlerweile ist aber die Anzahl der verirrten Schafe größer als die Anzahl der Schäfchen, die in der Herde verblieben sind. Ein Tatbestand, der die Hirten zwangsläufig überfordert, wenn sie ihren Auftrag ernst nehmen. Sie können Hebräisch, Griechisch und Latein. Sie können die Bibel textkritisch auseinander pflücken. Nur – das alles hilft ihnen angesichts der Verwahrlosung ihrer Herden nicht weiter. (Wobei in den Begriff »Herde« auch die verirrten Schäfchen eingeschlossen sind. Denn auch sie haben oft ihren Irrweg als getaufte Christen begonnen.) Hätte ich die Wahl zwischen einem bibelkundigen Altphilologen und einem Gottesmann, der im Auftrag und mit der Hilfe und in Vollmacht von Christus handelt – ich müsste nicht lange überlegen. Aber ich habe diese Wahl nicht, nicht mehr oder noch nicht.

Glaubenszweifel sind eine ernste Erkrankung der Seele. Ich will in meiner Kirche oder Gemeinde davon geheilt und nicht damit infiziert werden. So lässt sich das Problem auf den Punkt bringen. Es sind ja nicht ausschließlich hartgesottene Atheisten, die der Kirche und Gemeinde den Rücken kehren. Die überwiegende Mehrheit ist fest davon überzeugt, »dass es da schon irgendwie etwas gibt«. Viele machen sich dann irgendwann auf eigene Faust auf die Suche nach dem, wovon der Mensch im tiefsten Inneren spürt, dass es da sein muss und nur darauf wartet, entdeckt zu werden. Dann werden die Entdeckungen eben gemacht: Yoga, Tarot, Pendeln, Reinkarnation, Reiki, heidnische Überlieferungen aller Art – der ganze bunte Gemischtwarenladen für orientierungslose Sinnsucher. Wenn Jesus nur noch der gute Mensch ist, der die Ethik der Liebe erfunden hat, »entmystifiziert« bis an die Grenzen der Fragestellung hin, ob er überhaupt je gelebt hat oder nicht bloß eine Erfindung von Paulus ist – warum soll ich mich dann nicht nach anderen guten Menschen umsehen, die vielleicht auch eine ganz nette Ethik erfunden haben? Irgendwann werde ich dann anfangen, die zunächst nur interessanten, weil überraschend anderen Lehrsätze zu glauben: Es würde weder Gut noch Böse geben. Es würde keine absolute Wahrheit geben. Ich selbst sei es, der durch mein Denken mein Schicksal lenkt.

Ist es so weit gekommen, dann reibt sich jemand die Hände vor Freude. Jesus ist es nicht! Es ist der, dem alle zuarbeiten, die glauben und behaupten, es gäbe ihn gar nicht.

Gott sei Dank hat er sich aber zu früh gefreut. Denn Jesus hat die Seinen mit seinem Blut teuer erkauft. Also gehören sie rechtmäßig ihm. Nichts und niemand wird sie je wirklich von ihm trennen können, gleichgültig, wie weit sie sich auch verirrt haben mögen. Deshalb gibt er uns die tröstliche Zusicherung: »Es ist der Wille Gottes, dass ich von allen, die er mir gegeben hat, auch nicht einen verliere, sondern sie am letzten Tag zum ewigen Leben auferwecke« (Johannes 6,39). Und: »Meine Schafe hören auf meine Stimme; ich kenne sie, und sie folgen mir. Ich schenke ihnen das ewige Leben, und sie werden niemals umkommen. Niemand wird sie mir entreißen, denn mein Vater hat sie mir gegeben, und er ist mächtiger als alles andere. Und niemand kann sie aus der Hand des Vaters reißen. Der Vater und ich sind eins« (Johannes 10,27-30).

Jesus ist nicht nur irgendein Erfinder irgendeiner Ethik. Er ist Gott. Wir gehören ihm. Und er lässt sich vom Teufel nicht bestehlen. Selbst auf unseren Irr- und Umwegen ist er uns nah.

Umwege erweitern bekanntlich die Ortskenntnis. Wenn der verlorene Sohn heimkehrt, weiß er mehr als der daheim gebliebene Bruder. Auch wenn dieses Wissen teuer erkauft ist – mit vorübergehender Gottesferne. Das ist wirklich unbeschreiblich qualvoll, aber leider unvermeidlich. Denn verlorene Söhne kehren nicht eher um, als bis sie das Ende der Sackgasse erreicht haben. Viele verlorene Söhne und Töchter werden zurückkehren. Und sie werden wissen, wovon sie reden, wenn sie sagen: Es gibt den Teufel. Denn sie hatten mit ihm zu tun. Sie wissen, was er kann und wozu er befähigt. Also können sie sich gut vorstellen, was dann erst der kann und wozu der befähigt, der dem Satan haushoch überlegen ist. Vielleicht können sie Gott mit diesem Wissen von Nutzen sein – als seine Mitarbeiter. Vielleicht können diejenigen auftragsgemäß den Feind bekämpfen, die wissen, dass es ihn gibt, wie er arbeitet und was er anrichtet. So kann das Versagen der Kirche und Gemeinde letztlich zu ihrer Stärkung führen.

Gottes Pläne sind an Genialität nicht zu übertreffen.

KAPITEL 6

GOTTES MACHT VERGRÖSSERN

»Wir wissen, dass die wahren Schlachten im Reich Gottes im GEBET geschlagen werden«, konstatiert Otto Riecker kühn.[44] Hoffentlich hat er Recht. Hoffentlich wissen wir das wirklich.

Wir erinnern uns: Gott hat uns das Geschenk der Willensfreiheit gemacht und möchte uns als Mitarbeiter gewinnen. Er wartet auf Menschen, deren Bitten er erfüllen kann. Auf Menschen, die ihn um das bitten, was er sowieso tun will, was er aber ohne die entsprechenden Gebete wegen seiner Respektierung unserer Willensfreiheit nicht so ohne weiteres tun könnte. Gott handelt in der Regel erst dann, wenn wir ihn durch unsere Bitten dazu veranlasst haben.

Beten ist ein spiritueller »Kampfsport«. Natürlich kann man auch ohne innere Beteiligung ein Vaterunser herunterleiern. Aber mit kraftlosen Gebeten kann Gott nicht viel anfangen. Beim sonntäglichen Kirchgang kann man immer wieder aufs Neue über das rasante Tempo in Erstaunen versetzt werden, in dem sich die versammelte Gemeinde unter Anleitung des Pastors durch das Vaterunser hindurchbetet. Als handele es sich um eine lästige Pflicht, die möglichst rasch abgehakt werden muss. Dabei gebietet das Vaterunser doch eigentlich, schon nach den ersten drei Worten innezuhalten und auf das Echo zu lauschen, das diese heiligen Worte in uns auslösen: Er ist unser Vater. Wir sind seine Kinder. Also liebt er uns.

Die nächste Zäsur wird schon zwei Worte später fällig: »im Himmel«. Wieder sollten wir innehalten und auf das Echo dieser Worte in unserer Seele lauschen: im Himmel, in einer höheren Welt und gleichzeitig doch unbegreiflich nah. Wir sind nie allein. Denn er ist da in dieser höheren Welt, die unsere Welt durchdringt: »ungetrennt und unvermischt«.

Man sollte das Vaterunser meditieren und nicht so rasant herunterbeten, dass kaum Zeit zum Luftholen bleibt. Erst dann entfaltet das Vaterunser seine volle

Kraft. Das Vaterunser ist schließlich nichts Geringeres als die Antwort des Herrn auf unsere Bitte: Lehre uns beten (Lukas 11,12).

Offenbar leisten wir Gott mit diesem Gebet einen großen Dienst, denn Jesus sagt: »(...) Dann wird dich dein Vater, der alle Geheimnisse kennt, belohnen« (Matthäus 6,6). Das heißt: Gott belohnt uns dafür, wenn wir das Vaterunser beten. Lohn setzt Leistung voraus. Folglich ist das Vaterunser, richtig gebetet, eine Leistung, mit der wir Gott so zufrieden stellen, dass er meint, wir hätten dafür eine Belohnung verdient. Vorausgesetzt, wir haben es gebetet, wirklich gebetet und nicht bloß gedankenlos heruntergespult. (Wer als kurzfristig verlorener Sohn den spirituellen Umweg gegangen ist, der die geistliche Ortskenntnis erweitert, weiß aus den Lehren der praktischen Kabbala, welche unbändige Macht dem mit Sinn und Verstand gesprochenen Gotteswort innewohnt. Dieser Mensch wird die Kraft des Vaterunsers zu schätzen wissen, sodass er davor zurückschreckt, das Gebet des Herrn so aufzusagen wie ein Erstklässler ein Weihnachtsgedicht: hastig, mechanisch und ohne erkennbares Verständnis für die Bedeutung des Gesagten.)

In der für ihn typischen inspirierten Klarsichtigkeit hat Watchman Nee nachgewiesen, dass wir bereits mit den ersten drei Bitten des Vaterunsers dem Satan schon so viel Schaden zufügen, dass wir uns gleich mit der vierten Bitte »Unser täglich Brot gib uns heute« vor möglichen Gegenangriffen des Feindes auf unser materielles Wohlergehen schützen müssen.[45] Denn als der Herr der materiellen Weltordnung hätte er durchaus die Möglichkeit, uns alles Lebensnotwendige zu entziehen. Er könnte uns genauso zusetzen, wie er einst Hiob zugesetzt hat. Daran aber wird ihn unser himmlischer Vater hindern, wenn wir um Schutz bitten. Das tun wir mit der vierten Bitte des Vaterunsers.

Es ist nötig, dass wir begreifen, welche Wunderwaffe dem Gebetskämpfer mit dem Vaterunser in die Hände gelegt wurde. Diese Wunderwaffe wird erst dadurch »kampftauglich«, wenn wir sie mit der Intensität unserer geballten Konzentration, mit der Eindringlichkeit unseres Nachdrucks, dem bewussten Ernst und der zähen Hartnäckigkeit unseres Glaubens quasi aufladen. Sie vereinigt unseren Willen mit dem Willen Gottes. Überflüssig wohl zu erwähnen, dass es zeitintensiv und kräftezehrend sein kann, das Vaterunser im Sinne des Erfinders zu beten! Auch hier gilt wieder, dass die verlorenen Söhne, die durch das rettende Eingreifen des Herrn aus ihren okkulten Verstrickungen befreit wurden, ein Wissen mitbringen, das durchaus von Nutzen sein kann: Wer als verirrtes Schäfchen durch die finsteren Abgründe der Magie gestreift ist, kennt das Prinzip des »magischen Energetisierens«. Das bedeutet kurz gefasst und vereinfacht, dass man ein Anliegen mit Geisteskraft auflädt, wodurch bewirkt werden soll, dass das gewünschte Ziel rasch und präzise verwirklicht wird. Darin besteht die Haupttechnik der Magie. – Das zumindest glaubt ein naives Schäfchen, wenn es mit seinen magischen Experimenten beginnt. In Wahrheit liegen die Dinge so, dass der Magier sich durch das Praktizieren von Magie Dämonen dienstbar macht und ihnen dadurch einen Herrschafts- oder gar Besitzanspruch über seine Seele einräumt. Viele Hobbyhexen und Hobbymagier sind sich über diese Tatsachen bedauerlicherweise nicht im Klaren. Wenn das böse Erwachen kommt, kann es fast schon zu spät sein.

In diesem Zusammenhang sei der Hinweis erlaubt, dass die Spätfolgen des internationalen Harry-Potter-Fiebers bedenklich sein könnten. Wenn ich schon als Kind den Wunsch habe, mir Zauberkräfte anzueignen, dann werde ich es möglicherweise als Erwachsener auch tun, sobald sich eine Gelegenheit bietet. Diese Dinge sind leider weniger harmlos, als es zunächst den Anschein haben mag. Satan rekrutiert seine späteren Mitarbeiter jetzt offenbar schon in den Grundschulen. Verantwortungsbewusste Christen haben bereits mehrfach auf diese Gefahr hingewiesen und bewusst das Risiko in Kauf genommen, dafür der öffentlichen Lächerlichkeit preisgegeben zu werden. Was dann ja auch geschehen ist. Wer seinen christlichen Auftrag ernst nimmt, wird in den Augen der Welt immer eine Lachnummer sein. Der Applaus des Himmels wird stets vom Gelächter der Welt übertönt. Selbst Jesus musste am Kreuz Spott über sich ergehen lassen. Die Spötter stehen in dieser Welt hoch im Kurs. Aber das sollte uns nicht irritieren, denn »was in dieser Welt hoch angesehen wird, ist in Gottes Augen ein Gräuel« (Lukas 16,15). Man sagt: »Lächerlichkeit tötet.« Es ist erfreulich, wie viele Menschen sich von dieser »Morddrohung« nicht einschüchtern lassen und unverdrossen weiterleben. Hier – und später auch drüben.

Wenn durch unsere Willensfreiheit Gottes Allmacht eine gewisse Einschränkung erfährt, so wird diese durch die dritte Bitte des Vaterunsers wieder aufgehoben – zumindest im Leben des Betenden, wenn er sagt: »Dein Wille geschehe.« Da wir aber wissen, dass Gott dazu neigt, seinen Kindern stets mehr und Besseres zu geben als das, was sie erbeten haben, könnte er auch dazu neigen, die dritte Bitte, wenn sie flehend vorgetragen wird, überzuerfüllen, sodass wir dann durch das Vaterunser tatsächlich einen sinnvollen Beitrag dazu geleistet hätten, dass die generelle Einschränkung seiner Allmacht auch eine generelle Verringerung erfährt. Einfacher gesagt: Wir machen Gott durch das Vaterunser ein Stück weit mächtiger.

Dieser Gedanke ist kühn! Auch seine Konsequenzen sind durchaus überraschend. Eine süße Omi, die mit gefalteten Händen im Schaukelstuhl sitzt und zu schlafen scheint, könnte, betrachtet aus der Perspektive des Himmels, ein wahrer Gottes-»Rambo« sein, wenn sie konzentriert und inbrünstig ein Vaterunser nach dem anderen betet. Eine Heldin, vor der das Reich der Finsternis erzittert. Eine höchst aktive Mitarbeiterin Gottes, über deren gute »Arbeit« sich der himmlische Vater unbändig freut, weil sie ihm wirklich ganz konkreten Nutzen bringt. »Ein Mensch sieht, was vor Augen ist; der Herr aber sieht das Herz an« (1. Samuel 16,7). In einem hinfälligen Körper kann das Herz einer Löwin schlagen. Irgendwann werden wir vielleicht sehr überrascht sein, wenn wir erfahren, was wir diesen scheinbar schlafenden süßen Omis zu verdanken und welche unschätzbaren Dienste sie dem Herrn geleistet haben! Sonntags sitzen sie neben uns in den Kirchenbänken – so klein, so zerbrechlich, so bescheiden. In Wahrheit sind sie vielleicht hoch dekorierte Elitekämpferinnen Gottes, deren verborgenes Wirken als geistliche Kampfsportlerinnen unendlich mehr bewirkt hat, als wir – und auch sie selbst – ahnen. Wer sich nur einen Moment lang bemüht, die Welt mit Gottes Augen zu sehen (falls das überhaupt möglich ist), der kommt aus dem Staunen nicht heraus.

Und vielleicht auch nicht aus dem Entsetzen. Täglich, stündlich, ununterbrochen muss Gott mit ansehen, was der Böse durch das Böse hier auf dieser Welt anrichtet. Gottes Schöpfung war so wundervoll konzipiert. Doch alles hat ihm der Böse ruiniert. All seine großen Pläne hat der Böse ihm (für eine gewisse Zeit) durchkreuzt. Wie paradiesisch wäre unser Dasein, wenn der Böse nicht alles verpfuscht hätte. Dann hat Satan obendrein auch noch die Frechheit, seine Opfer – uns – dazu zu bringen, dass wir Gott dafür anklagen, dass diese Welt so schlecht ist. Diese Welt, die nach dem Willen Gottes ein Paradies sein sollte und erst durch Satans Eingreifen zu dem wurde, was sie derzeit bedauerlicherweise ist.

»Sondern erlöse uns von dem Bösen« – unsere Phantasie reicht wohl kaum aus, um uns vorzustellen, mit welcher Freude Gott diese Bitte hört und erfüllt. Uns von dem Bösen zu erlösen – nichts tut Gott lieber. Er tut es permanent. Wie sähe unser Leben wohl aus, wenn er es nicht täte? Wenn er nicht durch ständiges Eingreifen aufgrund unserer Gebete den Bösen in seine Schranken verweisen würde? Satan will uns durch Krankheit, Not und Verzweiflung von Gott entfernen. Es ist ihm ein großes Vergnügen, den Menschen so sehr zu quälen, dass er mit seinem Schöpfer zu hadern beginnt und seinen Glauben verliert. Nicht zuletzt deshalb sah Jesus eine seiner Hauptaufgaben darin, Kranke zu heilen. »Doch der Sohn Gottes kam, um die Taten des Teufels zu vernichten« (1. Johannes 3,8). Wer Kranke heilt, der fügt dem Teufel eine Niederlage zu. Wir dürfen nie vergessen: Ohne den von Satan verursachten Sündenfall gäbe es weder Krankheit noch Tod, weder Elend noch Gottesferne. »Es ist«, schreibt Bernard Martin, »eine Tatsache, dass der Satan (...) sich der Krankheit bedient, um den menschlichen Geist in seine Gewalt zu bekommen und ihn von der Quelle des Lebens abwendig zu machen.«[46] Überhaupt »besteht die Taktik des Widersachers darin, durch sichtbare Ereignisse vorzutäuschen, seine Macht sei der Macht Gottes überlegen«[47]. Und seine Rechnung geht ja nur allzu oft auf. Im Zustand der Krankheit sind wir zugleich im Zustand der Versuchung. Wie Hiob.

Um uns davor zu schützen, beten wir für uns und andere: »Und führe uns nicht in Versuchung.« Es besteht begründeter Anlass zu der Vermutung, dass diese Bitte des Vaterunsers unter anderem auch eine hochwirksame Krankheitsvorbeugung sein kann. Wie eine Schutzimpfung für die Seele, die auch dem Körper zugute kommt.

Auch ohne das Vaterunser in all seinen Einzelheiten genau zu analysieren, können wir schon nach den wenigen angestellten Überlegungen die Feststellung treffen: Das Vaterunser genügt den höchsten Ansprüchen, denn es genügt den Ansprüchen Gottes. Wer es zu beten versteht, ist ein Mitarbeiter Gottes, der ihm von großem Nutzen ist. Jesus, Gott der Mensch, lehrte uns so zu beten. Alle seine Lehren sind immer zugleich auch Aufträge. Manche Aufträge von Christus können vielleicht nicht von jedem Gläubigen sofort erfüllt werden. Jesus sieht uns das nach. Aber den Auftrag, den er uns gab, als er uns das Vaterunser lehrte: »Wenn ihr betet, dann sprecht:« (Lukas 11,2), und: »So sollt ihr beten:« (Matthäus 6,9), diesen Auftrag gewissenhaft zu erfüllen, sollten wir keinen Tag versäumen! Nicht nur deshalb, weil uns Lohn dafür verheißen ist, sondern deshalb, weil man nichts Sinnvolleres tun kann, als Gottes Macht zu vergrößern.

KAPITEL 7

GLAUBE UND GEBET

Für Gottes Mitarbeiter gilt: Alles steht und fällt mit der Fähigkeit zum Beten. – Nicht nur der Bereitschaft, sondern auch der tatsächlichen Fähigkeit. Jede Gebetserhörung ist – falls wir so etwas noch brauchen – ein ganz persönlicher Gottesbeweis. Denn ein Gott, der Gebete erhört und beantwortet, kann schließlich nicht inexistent sein. Für Glaubensanfänger ist dies ein sehr wichtiger Aspekt. Allerdings sind dem himmlischen Vater sicherlich nicht diejenigen Gebete die liebsten, die mit den Worten beginnen: »Lieber Gott, wenn es dich gibt«, oder bei denen zwischen den Zeilen der Zweifel mitschwingt. Im Gegenteil: »Ihr könnt beten, worum ihr wollt – wenn ihr glaubt, werdet ihr es erhalten« (Markus 11,24). – In neueren Bibeln findet sich auch die Formulierung »dass ihr bereits empfangen habt«.

Wer betet, der soll nicht nur glauben, Gott werde ihn irgendwann in der Zukunft erhören. Nein. Er soll davon ausgehen, dass die Erhörung bereits während des Gebetes stattfindet. Konsequenterweise müsste man dann ungefähr folgendermaßen beten: »Lieber Gott, ich bringe jetzt folgendes Problem vor dich: (...) Und ich danke dir von ganzem Herzen dafür, dass du es in diesem Moment für mich gelöst und sofort alles Notwendige in die Wege geleitet hast. Danke. Amen.«

Zweifel können alles zunichte machen. Solange ich tief im Innersten glaube, ein Problem könnte größer sein als Gottes Wille oder Fähigkeit, es zu lösen, beleidige ich meinen himmlischen Vater. Spreche ich ihm den Willen ab, so unterstelle ich ihm damit Gleichgültigkeit. Bezweifele ich seine Fähigkeit, dann gebe ich damit meiner Überzeugung Ausdruck, irgendetwas könnte mächtiger sein als er. Beides wird ihm nicht gefallen. Also wird auch ein von Zweifeln getragenes Gebet Gottes Missfallen erregen. Denn es beleidigt ihn. Stellen Sie sich vor, ein Kind kommt weinend zu seiner Mutter und sagt: »Mama, ich blute! Aber ich glaube nicht, dass du mir ein Pflaster aufkleben willst, weil ich nämlich auch glaube, dass du das gar nicht kannst!« – Wie fühlt sich die Mutter da? Ungefähr so, wie Gott sich fühlt, wenn wir mit Zweifeln im Herzen zu ihm beten: gelinde gesagt ein wenig demotiviert und auch traurig. Vielleicht wäre gelegentlich mal ein kleines Signal unseres Bedauerns darüber angebracht, wie oft wir Gott traurig gemacht haben durch Gebete, die von Zweifeln durchsetzt waren!

Nun könnte jemand, der oft und heftig um einen Sechser im Lotto gebetet hat, einwenden: »Das ist ja alles Unsinn. Das funktioniert ja gar nicht.«

Stimmt. Das Beten funktioniert nicht, wenn wir Gott mit unserem Gebet beleidigen. Ein Gebet um einen Sechser im Lotto beleidigt Gott nämlich.

Wieso? Weil wir ihm damit signalisieren, dass wir einzig und allein dem Geld die Fähigkeit zutrauen, alle unsere Probleme zu lösen, alle unsere Wünsche zu erfüllen und uns wirklich glücklich zu machen. Mit anderen Worten: dass in unserem Leben das Geld die Stelle einnimmt, die eigentlich Gott gebührt. Darüber wird er kaum so begeistert sein, dass er es umgehend honoriert. Man kann wohl kaum um Geld beten, ohne das Geld zugleich anzubeten. Gott hat ganz klar gesagt, dass er keine anderen Götter neben sich und schon gar nicht über sich duldet – auch nicht den Mammon. Ein Gebet um einen Sechser im Lotto ist in

Wirklichkeit ein Verstoß gegen das erste Gebot. So etwas schätzt Gott nicht. (Es spricht für Gottes Güte, dass er solch ein Gebet nicht sofort mit Erhörung bestraft – denn ein sicherer Weg, unglücklich zu werden, besteht darin, sehr schnell sehr reich zu werden.)

Wenn wir beten, sollten wir nicht gleichzeitig daran denken, ob und aus welchen Gründen Gott uns die Gebetserhörung verwehren könnte. Wenn unser Gebet ihn nicht beleidigt, sondern seinem Willen entspricht, wenn es uns also gelungen ist, eine Bitte zu formulieren, deren Erfüllung Gott gerne nachkommt, weil er nur darauf gewartet hat, dass diese Bitte kommt, die es ihm ermöglicht, das zu tun, was er längst vorhatte – wenn also unser Gebet eine Vereinigung unseres Willens mit dem Willen Gottes darstellt, dann wird er uns erhören. Johannes sichert uns zu, »dass er uns erhört, wenn wir ihn um etwas bitten, das seinem Willen entspricht. Und wenn wir wissen, dass er unsere Bitten hört, dann können wir auch sicher sein, dass er uns gibt, worum wir ihn bitten« (1. Johannes 5,14-15). Darüber kann es keinen Zweifel geben. In seltenen Fällen wird das Erbetene verweigert, obwohl es an sich durchaus im Einklang mit dem Willen Gottes ist. Dann haben wir Grund zur Freude. Denn dann will Gott uns nämlich etwas noch Besseres geben als das, was wir erbaten.

Generell sollten wir äußerst vorsichtig damit sein, wenn wir Gott einen Vorschlag machen, wann, wo und auf welche Weise er ein Problem für uns lösen soll. Denn damit riskieren wir, dass wir, und sei es auch in bester Absicht, Gott Befehle erteilen oder den Versuch unternehmen, ihm unseren Willen aufzuzwingen. Das ist ungehörig, respektlos und auch dumm. Denn schließlich hat Gott immer noch einen besseren Überblick über Ursachen, Wirkungen und Zusammenhänge als wir. Insofern ist es das Vernünftigste, im Gebet lediglich das Problem zu schildern, ohne präzise formulierte Lösungswege vorzuschlagen. Im Vertrauen darauf, dass er es schon richtig machen wird. Das wird er bestimmt – in der Regel besser als erwartet.

In einem Gebet, das Gott wohlgefällig ist, schwingt zwischen den Zeilen immer ein »Dein Wille geschehe« mit. – Aber nicht mit einem fatalistischen, resignativen Unterton, sondern im Sinne von: »Wir wissen, dass du das Beste für uns willst.« Also mit einer Mischung aus Dankbarkeit und gespannter Vorfreude darauf zu erfahren, was sich der himmlische Vater wohl diesmal wieder Großartiges für uns überlegt hat.

Beim Beten kann man viel falsch machen. Das war schon immer ein Problem. Jakobus beantwortet die Klagen seiner Brüder über verweigerte Gebetserhörungen folgendermaßen: »Ihr begehrt und habt nichts; ihr schmiedet Pläne und tötet, und bekommt nichts. Ihr seid neidisch auf das, was andere haben, und könnt es nicht bekommen; also kämpft und streitet ihr, um es ihnen wegzunehmen« (Jakobus 4,2-3).

Was besagen will: Manche Gebete sind keine Bitten, sondern Beleidigungen oder Befehle. So etwas kann Gott nicht gefallen. Verständlicherweise. Wie würde es uns gefallen, wenn sich jemand Hilfe suchend an uns wendet, aber einen schroffen Befehlston anschlägt und uns Frechheiten an den Kopf wirft? Wenn beispielsweise unsere Nachbarin an der Haustür klingelt und sagt: »Ich brauche zwei Eier. Ich weiß, Sie sind geizig, aber ich fordere Sie hiermit auf: Her damit, aber flott!« Das ist ja nun nicht unbedingt das, was wir uns unter einer höflichen Bitte vorstellen. Das ist wirklich übel. So etwas muss unter zivilisierten Leuten nicht sein. Erst recht nicht im Gespräch mit Gott, im Gebet. Bedauerlicherweise ist hier der Hinweis angebracht, dass wir es unterlassen sollten, Gott mit unseren Gebeten zu beleidigen, zu ärgern, zu kränken oder zu bevormunden. Denn schlechtes Benehmen ist in den seltensten Fällen ein Garant für das Erreichen von Zielen. Mit Gott jedenfalls sollte man so nicht umspringen. Wer diesen Hinweis beherzigt, erspart sich und Gott Enttäuschungen. Denn Gott will ja etwas für uns tun. Er wartet ja nur auf unsere Gebete. Er freut sich darüber. Wir helfen ihm damit sogar. Er ist jederzeit ansprechbar. Wir müssen nicht befürchten, dass wir ihm mit unseren Gebeten auf die Nerven gehen oder dass er keine Zeit für uns hätte. Im Gegenteil! Durch unsere Gebete geben wir ihm Handlungsspielraum. Unsere Gebete geben ihm ein

Stück eingebüßte Allmacht zurück. Wie sollten sie da bei ihm auf taube Ohren stoßen? Sie sind hochwillkommen und sehr erwünscht. Am liebsten wäre es Gott, wenn wir rund um die Uhr beten würden: »Betet immer und in jeder Situation mit der Kraft des Heiligen Geistes«, lässt er uns durch Paulus ausrichten (Epheser 6,18). Noch deutlicher: »Hört nicht auf zu beten!« (1. Thessalonicher 5,17). »Hört nicht auf zu beten und Gott zu danken« (Kolosser 4,2). Anhaltend, ohne Unterlass und allezeit sollen wir beten. So ist es Gott am liebsten. Dann kann er auch anhaltend, ohne Unterlass und allezeit tätig werden. Das ist genau das, was er will. Und was auch nötig ist.

Jesus wird nicht müde, uns eindringlich zum vertrauensvollen Beten zu ermuntern: »Ihr dürft in meinem Namen um alles bitten, und ich werde eure Bitten erfüllen, weil durch den Sohn der Vater verherrlicht wird« (Johannes 14,13). Diese bindende Garantieerklärung ist an eine Bedingung geknüpft, die sich eigentlich von selbst versteht: Ohne Jesus geht gar nichts. Aber das sollte sowieso jedem Christen klar sein. »Dann könnt ihr selbst zum Vater gehen und ihn bitten, und er wird eure Bitte erfüllen, weil ihr in meinem Namen bittet« (Johannes 16,23). »Bleibt in mir, und ich werde in euch bleiben« (Johannes 15,4). Wenn das von unserer Seite aus gewährleistet ist, kann nichts schief gehen. »Bittet, um was ihr wollt, in meinem Namen, und ich werde es tun« (Johannes 14,14).

Daraus könnte man die Frage ableiten: Wer erhört eigentlich unsere Gebete? Gott oder Jesus? Und zu wem sollen wir beten? Zum Vater oder zum Sohn? Diese Frage ist ebenso berechtigt wie gegenstandslos. Sie ist letztlich nur die Folge unserer Unfähigkeit, mit Hilfe des Verstandes das Mysterium der Dreieinigkeit Gottes zu begreifen. Vater, Sohn und Heiliger Geist sind drei und trotzdem einer. Gibt es im Himmel einen Seniorchef, einen Juniorchef und dann noch zusätzlich hier in uns allen einen dritten Gott, der quasi eine Art gesunde, ungefährliche Gottesbesessenheit in uns auslöst, indem er in uns wohnt und uns gelegentlich mit Mitteilungen versorgt?

Gott erschwert uns ganz bewusst die verstandesmäßige Durchdringung dieser Thematik. Warum? Er will nicht analysiert und verstanden werden, sondern zu uns in lebendige Beziehung treten. Damit wir dieses Angebot auch annehmen, macht er uns drei Vorschläge, auf welche Weise wir es tun können. Alle sind gleich gut. Denn alle sind im Kern identisch. Solange wir wissen: Ohne Jesus geht gar nichts. Denn: »Ich bin der Weg, die Wahrheit und das Leben. Niemand kommt zum Vater außer durch mich« (Johannes 14,6). Aber: »Niemand kann zu mir kommen, wenn der Vater, der mich gesandt hat, ihn nicht zu mir zieht« (Johannes 6,44). »Niemand kann zu mir kommen, wenn der Vater ihn nicht zu mir zieht« (Johannes 6,65).

Sollen wir jetzt Überlegungen anstellen nach dem Schema: »Wer war zuerst da, das Huhn oder das Ei?« Unnötig. Denn Jesus sagt: »Denn wenn ihr mich seht, seht ihr den, der mich gesandt hat« (Johannes 12,45). Das bedeutet: Jesus *ist* Gott. Gott in Menschengestalt. Jesus *ist* der Heilige Geist. Muss man das verstehen?

Nicht nötig. Schön, wenn uns das Verstehen vielleicht gegeben ist, aber nicht heilsnotwendig. Im Glauben wird es zur Tatsache und zur Grundlage für die lebendige Beziehung zu Gott. In welcher Gestalt auch immer er Kontakt zu uns aufnimmt – er ist doch immer derselbe und der Eine.

Entscheidend ist nicht unser Wissen über Gott, sondern die Intensität unserer Beziehung zu ihm. Diese Beziehung nennt man Glauben. Und diese Beziehung wird bei einem Mitarbeiter Gottes, der ihm von Nutzen ist, vorausgesetzt.

AUFTRAG

KAPITEL 8

DER AUFTRAG

Jeder Missstand, jedes Problem kann genau genommen einen Auftrag darstellen. Einen, den wir, wie weiter vorn skizziert, zunächst unter der folgenden Fragestellung zu prüfen haben: Wie sieht der Wille Gottes in dieser Sache aus? Hat der Heilige Geist grünes Licht gegeben und ist der Gebetsauftrag in Gestalt einer Gebetslast erteilt? Wird diese mit jedem Gebet leichter, bis sich schließlich eine von Zuversicht getragene Zufriedenheit einstellt, die uns signalisiert: Soweit es an uns liegt, ist die Sache erledigt? Den Rest übernimmt Gott. Wir spüren es, wenn die Zusammenarbeit funktioniert hat. Auch wenn wir (beispielsweise nach Gebeten für Menschen, die wir nicht näher kennen) vielleicht nie erfahren werden, auf welche Weise die Gebetserhörung konkret stattgefunden hat. Darauf kommt es nicht an. Wichtig ist, dass wir den Auftrag, soweit es in unserer Macht stand, erfüllt haben, sodass Gott tätig werden konnte. Dann können wir in stolzer Bescheidenheit sagen: Wir sind unnütze Knechte und haben getan, was wir schuldig sind.

Bis dahin kann es ein langer, anstrengender Weg sein. Nicht grundlos spricht man von »Gebetskämpfen«. Manchmal haben wir gegen hartnäckige Widerstände anzubeten. Worin sie bestehen und wer sie verursacht hat, braucht uns nicht zu interessieren. Obwohl man darüber durchaus spekulieren könnte.

Jesus erzählt uns zwei Gleichnisse, »wie wichtig es ist, beständig zu beten und nicht aufzugeben« (Lukas 18,1). Einmal die Geschichte von dem bittenden Freund (Lukas 11,5ff.) sowie das Gleichnis von der bittenden Witwe (Lukas 18,2ff.). Beide illustrieren auf anschauliche Weise, dass sich zähe Hartnäckigkeit im Gebetskampf auszahlt.

Es gibt unterschiedliche Aufträge. Der wichtigste und berühmteste ist wohl dieser: »Macht die Kranken gesund, erweckt die Toten zum Leben, heilt die Aussätzigen und treibt böse Geister aus« (Matthäus 10,8).

Wenn wir mit diesem Auftrag konfrontiert werden, ist unsere erste spontane Reaktion natürlich: »Das kann ich nicht!« Für die Heilung Kranker und die Reanimation klinisch Toter sind die Fachärzte zuständig. Aussätzige sind eine Zielgruppe der Pharmazie. Und an böse Geister wollen wir am liebsten gar nicht glauben, weil man uns einsuggeriert hat, wir riskierten damit einen Rückfall ins »finstere« Mittelalter (das übrigens bei genauer Betrachtung nicht halb so finster war, wie es unsere Zeit ist).

Also? Befehlsverweigerung unter dem Vorwand der Nichtzuständigkeit, der realistischen Einschätzung der begrenzten eigenen Möglichkeiten oder der christlichen Demut. Sollten wir nicht lieber offen und ehrlich bekennen: »Ich fühle mich mit diesem Auftrag überfordert. Er macht mir Angst. Ich fürchte mich davor zu versagen. Das alles ist mir eine Nummer zu groß!« Wer sich so aufrichtig zu seinen Ängsten bekennt, kann mit Sympathien rechnen. Auch von Seiten des Auftraggebers.

»Hab keine Angst. Glaube nur«, fordert Jesus (Markus 5,36). Wenn ich mir vorstelle, vor mir liegt eine Leiche, umringt von weinenden Hinterbliebenen, und von mir wird dann erwartet, ich soll den Toten ins Leben zurückholen, weil ich als bekennender Christ dazu verpflichtet bin – wer würde da nicht ein Stoßgebet zum Himmel schicken: »Bitte, bitte, bring mich nie in so eine Situation!«

Trost spenden – ja. Das bekommen wir schon irgendwie hin. Aber so wie Elia, Elisa, Jesus, Petrus und Paulus einen Verstorbenen wieder lebendig machen? Was sollen wir denn da tun?

Niemand muss sich schämen, wenn er offen eingesteht, dass ihm diese Gedanken höchst unbehaglich sind. Da packt jeden dasselbe Entsetzen. Da gibt es keine Unterschiede. Niemandem soll deswegen ein Vorwurf gemacht werden. Es geht nur um eine Standortbestimmung: Wie ist es um unseren Glaubensgehorsam bestellt? Wir haben einen Auftrag. Er ist nicht widerrufen worden. Denn: »Himmel und Erde werden vergehen, aber meine Worte werden ewig bleiben« (Markus 13,31). Wir sollten uns um Aufrichtigkeit bemühen. Wir sollten uns zu unserer Ratlosigkeit bekennen. Wir wollen Gott ja gehorchen. Jedenfalls bemühen wir uns tagtäglich darum, so gut es eben geht. Aber wenn der Gehorsam uns zu Dingen zwingt, gegen die sich unser Innerstes so vehement sträubt, weil Ängste und Zweifel die Oberhand gewinnen – was dann? Da kann man nur mit dem Vater des Kindes mit dem sprachlosen Geist gequält aufseufzen: »Ich glaube. Aber hilf mir, dass ich nicht zweifle« (Markus 9,23).

Elia, Elisa, Petrus, Paulus und Jesus haben Tote wieder lebendig gemacht. So viel steht fest. Es funktioniert also und ist nicht unmöglich. Und Paulus ebenso wie Elia, Elisa und Petrus waren einfache sterbliche Menschen – wie wir. Mit Fehlern, Schwächen und Ängsten – wie wir. Warum sollten wir dann nicht genau wie sie mit Gottes Hilfe (und wenn wir nach seinem Willen handeln!) dasselbe zu Wege bringen können wie sie? Waren sie in den Augen Gottes etwas Besseres als wir? Hatte er sie lieber als uns? Sind wir nur Gotteskinder zweiter Klasse? Bestimmt nicht.

Was wir allerdings auch bedenken müssen: In den letzten Tagen werden Agenten des Antichristen auftreten, die Zeichen und Wunder tun, um die Menschheit zu verführen. Wenn der Widersacher beginnt, Dinge zu tun, die eigentlich wir im Namen und in der Vollmacht von Christus tun sollten, dann müssen wir danach fragen, worin seine Legitimation besteht. Besteht sie nicht in einem unverbrüchlichen Glauben an den Fleisch gewordenen Sohn Gottes, dann stimmt etwas nicht. Dann müssen wir uns von der Sache ganz entschieden distanzieren.

Vielleicht ist es auch eine verfehlte Herangehensweise an die Sache, wenn wir wie paralysiert auf das starren, was uns überfordert. Vielleicht ist es besser, klein anzufangen, zum Beispiel mit Gebeten für Kranke, um uns dann, ermutigt von den Erfolgen, Schritt für Schritt auf größere Ziele hin vorwärts zu wagen: »Ist einer von euch krank? Dann soll er die Ältesten der Gemeinde holen lassen, damit sie für ihn beten und ihn im Namen des Herrn mit Öl salben. Ihr

Gebet im Glauben an Gott wird den Kranken heilen, und der Herr wird ihn aufrichten« (Jakobus 5,14-15). Die schöne Tradition des Handauflegens unter Gebet durch Mitchristen ist bei uns zum Teil in Vergessenheit geraten. Sie hat eine Lücke hinterlassen, die nun durch Reiki ausgefüllt wird. Reiki ist Handauflegen im falschen Geist. Die mitgelieferte Philosophie basiert auf der abstrusen Vorstellung, Gott sei eine abstrakte kosmische Energie, die man nach Belieben manipulieren könne. Da sträuben sich einem Christen alle Nackenhaare. Man fragt sich, wer den Verfassern dieser Broschüren so einen Unsinn in die Feder diktiert hat. Reiki mag vielleicht eine Technik sein für dies und das. In erster Linie ist es aber eine Technik, um Lügen über Gott zu verbreiten. Wer hat daran ein Interesse? Wer freut sich, wenn Leute mit ihren Beschwerden zum Reiki-Meister laufen und dort auf schleichendem Weg mit Gedanken infiltriert werden, die alles auf den Kopf stellen, was die Bibel uns an Tatsachen über den himmlischen Vater offenbart?

Es gibt viel verlorenes Terrain zurückzuerobern. Wenn die Christenheit meint, auf ihre Traditionen verzichten zu können wie beispielsweise das Handauflegen, das schon Jesus praktizierte, dann dürfen wir uns nicht wundern, wenn die entstandene Lücke von etwas anderem ausgefüllt wird. Von etwas anderem, das nicht besser ist. Wie lange wollen und können wir uns unsere Nachlässigkeit noch leisten? Wie klein soll die Herde des Herrn noch werden? Wie viele suchende Menschen sollen sich noch, getrieben von innerer Not und geistlichen Defiziten, auf das Gebiet der vielfältigen Alternativen zum Weg, zur Wahrheit und zum Leben verirren? Was passiert mit den Menschen, über die während einer Reiki-Behandlung magische Zeichen in die Luft gezeichnet werden, deren Bedeutung wohlweislich niemand genau erklärt?

Man kann das Ganze als Scharlatanerie abtun und die Sache mit gutmütigem Spott verharmlosen. Man kann sich weigern, das Tal der Ahnungslosen zu verlassen, in dem man sich so behaglich eingerichtet hat. Dort gibt es schließlich für alles eine rationale, wissenschaftliche Erklärung. Doch das ist weder klug noch verantwortungsbewusst. Unsere Versäumnisse ziehen Konsequenzen nach sich, für die wir Rechenschaft ablegen müssen. Irgendwann wird Jesus fragen. Dann die Antwort schuldig bleiben zu müssen, könnte, gelinde gesagt, ein ziemlich peinliches Gefühl hervorrufen. Wenn er uns zeigt, auf welchen Schlachthöfen der Seele die verirrten Schäfchen gelandet sind. Wenn er wissen will, ob und wie wir unsere Aufträge erfüllt haben. Ob wir zumindest guten Willen gezeigt haben, auch wenn es uns niemals gelungen ist. Es gibt in unserer Gesellschaft viel zu viele spirituelle Geisterfahrer, die sich im Höllentempo in die falsche Richtung bewegen – geradewegs in den

Abgrund größtmöglicher Gottesferne hinein. Wie es dort aussieht, wissen die gutmütigen Spötter, die alles, was sie nicht durchschauen, als Scharlatanerie und Geldmacherei verharmlosen, höchstwahrscheinlich nicht ganz so genau. Sonst würde ihnen das Blut in den Adern gefrieren. Sie würden den Handlungsbedarf erkennen. – Dieser kann jedoch nicht darin bestehen, die Gemeinde zum Praktizieren von Yoga-Techniken zu ermuntern – in der gut gemeinten Absicht, der Entwicklung echter christlicher Spiritualität damit einen Dienst zu erweisen. Ist es denn möglich, eine Meditationstechnik fein säuberlich aus ihrem heidnischen Hintergrund herauszulösen, damit wir durch ihre Anwendung einen neuen Zugang zu Gott finden? Das ist vielleicht gut gemeint, aber brandgefährlich. Durch Yoga erhalten wir Zugang zu unserem Inneren. Eventuell finden wir uns selbst, das eigene Ich. Aber haben wir das gesucht? Oder nicht vielleicht eher Jesus? Doch er wohnt nicht im Ich, sondern im Geist in Gestalt des Heiligen Geistes. Eine erfolgreiche Ichfindung erschwert in ganz erheblichem Umfang die Stärkung unseres Geistes, unserer »Schnittstelle« zum Heiligen Geist. Damit wäre das ursprüngliche Ziel verfehlt.

Wenn das die einzige Gefahr wäre – man könnte sie zähneknirschend in Kauf nehmen als allerdings stark überhöhten Preis dafür, gewisse innere Erfahrungen gemacht zu haben. Aber durch das Praktizieren entsprechender Techniken versetzen wir uns in einen Zustand innerer Passivität, der höchst unerwünschte Ereignisse auslösen kann. Wenn wir unser Inneres quasi entleeren, schaffen wir Platz für das Eindringen von Wesenheiten, von denen uns dann so rasch keiner befreien kann, weil keiner an sie glaubt. Weil kaum jemand den Auftrag »Treibt böse Geister aus« erfüllen kann oder will. Stattdessen wird vielleicht eine psychische Erkrankung diagnostiziert. Wer auf derartige Gefahren hinweist, setzt sich dem Vorwurf aus, er male den Teufel an die Wand. Wo Yoga praktiziert wird, sollte auch sein Erfinder und Nutznießer vor Augen sein. Damit jeder weiß, worauf er sich einlässt und mit wem er es zu tun hat, wenn er in den Genuss der Erlebnisse von überwältigender Intensität kommen will, die durch fernöstliche Meditationstechniken herbeigeführt werden können. Klar, dass man dann zunächst begeistert ist und weitermacht. Das Gehirn kann dazu angeregt werden, Stoffe zu produzieren, die gewissen rauscherzeugenden Drogen in Struktur und Wirkung ähnlich sind. Da kann ein verirrtes Schäfchen schon auf den Irrwahn verfallen, es habe Gott gefunden. Weil das alles einfach so überwältigend schön und großartig ist. Doch wir täuschen uns gewaltig, wenn wir meinen, alles, was (zunächst) Begeisterung auslöst, müsse notwendigerweise von Gott kommen oder zu Gott führen. Niemand würde auf Irrwege geraten, wenn an deren

Anfang nicht etwas Vielversprechendes, fast Unwiderstehliches stünde. Wenn das Ende der Sackgasse schon in Sichtweite wäre – der geistliche Tod, der ultimative Exitus des inneren Menschen –, dann würde die Sache anders betrachtet werden.

Wir haben als Christen einen Auftrag als Gottes Mitarbeiter.

»Tote zum Leben erwecken« können wir auch, indem wir einem verirrten Schäfchen die Hand reichen und uns viel Zeit nehmen. Vieles geht nur in kleinen, unspektakulären Schritten. Wir sollten Jesus nicht immer die ganze Arbeit allein machen lassen. Er schafft es zwar auch ohne uns, aber viel lieber erledigt er sie mit uns. Denn wir sind Gottes Mitarbeiter und sollten ihm im Rahmen unserer Möglichkeiten von Nutzen sein.

STELLENANGEBOT

9

KAPITEL

DAS STELLENANGEBOT

»Denn alles ist mir möglich durch Christus, der mir die Kraft gibt, die ich brauche« (Philipper 4,13), bekennt Paulus stolz und demütig zugleich. Stolz, weil es ein erhabenes Gefühl ist, dem Herrn dienen zu dürfen. Und demütig, weil er weiß: Nicht ich selbst bin es, der sensationelle Leistungen vollbringt, sondern es ist Christus in mir.

»Gott verlieh Paulus die Kraft, ungewöhnliche Wunder zu bewirken« (Apostelgeschichte 19,11).

Zum Beispiel: Paulus erweckte Eutychus (Apostelgeschichte 20,10) von den Toten. Aber es war nicht Paulus selbst, der es tat. Sondern Gott durch ihn. Sein Glauben befähigte Paulus dazu, sich selbst so stark zurückzunehmen, dass Gott durch ihn wirken konnte. Paulus stellte sich quasi als Werkzeug der göttlichen Allmacht zur Verfügung. Als ein Mensch, in dem und durch den Jesus Christus ungehindert wirken konnte. Ohne diese Wirksamkeit durch Eigenwillen zu blockieren, durch diese Instanz in uns, die uns zu eigenmächtigem Handeln motiviert und uns dadurch doch letztlich nur von Niederlage zu Niederlage führt.

»Denn getrennt von mir könnt ihr nichts tun« (Johannes 15,5), warnt Jesus uns. Damit wir uns nicht einbilden, wir könnten und sollten seine Aufträge aus eigener Kraft ohne ihn erfüllen.

Wenn wir etwas nicht können, dann liegt es daran, dass unser Ich eine Arbeit erledigen will, die in Wahrheit in den Zuständigkeitsbereich des Herrn fällt. Das ist ein schwerer Fall von Amtsanmaßung.

Ich bin z. B. mit dem Auftrag überfordert, Tote aufzuwecken. Jesus ist es nicht. Für ihn ist das eine Kleinigkeit. Ich kann auch keine Dämonen austreiben. Ich muss schon froh sein, wenn ich nicht ihren permanenten Belästigungen ausgesetzt bin – eine Seelenqual, die man Depressionen nennt. Aber wo Dämonen auf Jesus treffen, ergreifen sie die Flucht.

Sie kennen und fürchten ihn aus gutem Grund. Seine Macht ist der ihren haushoch überlegen.

Wir sollten mit Johannes dem Täufer sagen: »Er muss immer größer werden, und ich immer geringer« (Johannes 3,30). Das heißt: Mein Ich, mein Eigenwille, meine Eigeninitiative müssen sich verkleinern, damit Jesus in mir die herrschende und handelnde Instanz ist. Paulus und die Apostel haben das erkannt und umgesetzt. So konnte Jesus durch sie handeln. Spätere Generationen waren dazu entweder nicht mehr bereit oder nicht mehr in der Lage. Seither können einige Aufträge des Herrn nicht mehr ausgeführt werden. Jammerschade eigentlich. Wie schön wäre es, wenn man wieder sagen könnte: »Die Leute wurden von Angst und Ehrfurcht ergriffen, als sie dieses sichtbare Wirken der Macht Gottes sahen« (Lukas 9,43). So ein Entsetzen muss etwas Herrliches, Unvergessliches sein.

Am liebsten wirkt Gott durch Menschen, die von Hause aus nichts sind und nichts können. Denn sie setzen ihm am wenigsten inneren Widerstand entgegen. Sie bilden sich nicht ein, alles besser zu wissen und besser zu können als er. Nach getaner Arbeit verspüren sie keine große Neigung, sich vergötzen, das heißt, als Superhelden feiern zu lassen. Deshalb kann Gott ungehindert durch sie wirken.

Gideon ist so ein Beispiel (Richter 6,11ff.). Durch ihn befreite Gott sein Volk von der Herrschaft der Midianiter. Durch ihn und durch weitere dreihundert (!) Männer. Ihre Waffen? Posaunen und leere Krüge mit Fackeln darin. Damit sollten sie das Heer der Feinde vernichten?

Sie nicht – aber Gott. Damit sein vergessliches Volk wenigstens eine Zeit lang im Bewusstsein der Tatsache leben konnte, dass ihr Gott der einzig wahre, lebendige, allmächtige Gott ist. Dass Gott eben Gott ist. – Scheinbar sind wir überfordert mit Gottes Bitte, uns das zu merken. Wir brauchen offenbar regelmäßige Erinnerungen daran. Solange wir diese nicht in den Tageszeitungen finden, müssen wir sie in der Bibel suchen, denn sie ist voll davon. Daraus können wir ein Menge lernen. – Vorausgesetzt, wir haben uns nicht von »blinden Blindenführern« (Matthäus 15,14) dazu verleiten lassen, die Zeugnisse der großen Taten Gottes als symbolische Darstellungen innerseelischer Vorgänge zu betrachten. Als Dichtungen, die auf gleicher Ebene stehen mit den Mythen und Märchen anderer Völker, Zeiten und Kulturen, die mit den Methoden der Tiefenpsychologie ausgelotet und analysiert werden können mit dem Ziel einer gigantischen spirituellen Nivellierung und einer Grenzverwischung zwischen wahrer Gottesoffenbarung und heidnischer Überlieferung.

Wer das Wunder wegerklärt, verneint die Macht Gottes oder reduziert sie auf ein handliches Alltagsformat. Das ist dann nicht mehr der Gott, der es einem Petrus ermöglicht, Jesus entgegen über das Wasser zu gehen. Der mit wenigen Broten und Fischen unüberschaubare Volksmengen sättigt. Der durch die, die an ihn glauben, sogar Tote ins Leben zurückholen kann.

Wenn Gott nicht mehr Gott ist, kann der Glaube an ihn auch keine Berge mehr versetzen. Ein Gott, der den ausgehungerten Bestien in der Löwengrube nicht durch einen Engel das Maul verschließt (Daniel 6,23) und auch nicht die Treue seiner Knechte Schadrach, Meschach und Abed-Nego belohnt, indem er sie im Feuerofen durch einen Engel vor Hitze und Flammen bewahrt (Daniel 3,24ff.), kann mir nicht helfen, wenn ich in Not bin, oder? Wie soll ich mich bedingungslos auf einen Gott verlassen, der nicht in der Lage ist, jederzeit alles für seine Kinder zu tun?

Wenn die Zeugnisse der Taten Gottes nur ausgedachte Geschichten sind, Gleichnisse, die Vorgänge in der Seele des Menschen illustrieren sollen, liegt dann nicht der Verdacht nahe, dass auch Gott selbst nur ausgedacht ist? Dass es ihn gar nicht gibt? Was wäre das für ein Gott, der nicht in der Lage ist, in seiner Offenbarung die unverbrüchliche Wahrheit zu dokumentieren, sondern der stattdessen begabte Autoren verschiedener Jahrhunderte dazu ermuntert, Gleichnisse zu ersinnen, Märchen zu erfinden, Mythen zu schaffen? Das wäre ein Gott, auf den man notfalls verzichten könnte. Auf so einen wäre kein Verlass. Da wäre ich dann tatsächlich besser beraten, an mich selbst zu glauben oder an mein Geld. So ein Gott würde oder könnte auch meine Gebete nicht erhören. Jeder Versuch, mit ihm zusammenzuarbeiten, wäre von vornherein zum Scheitern verurteilt, aussichtslos und überflüssig.

Weil aber niemand leben kann, ohne hin und wieder auf die unbestreitbare Tatsache aufmerksam zu werden, »dass es da irgendetwas gibt«, stellt sich dann die Frage: Was ist »das«, wenn es der Gott, den die Bibel uns zeigt, nicht sein kann?

Wer so fragt, dem wird umgehend eine gut sortierte Angebotspalette an möglichen Antworten zur Auswahl vorgelegt. Ich kann an das Schicksal glauben und mit Hilfe von Wahrsagern oder Astrologen versuchen, dieses abstrakte Prinzip mit seinen Auswirkungen auf mein persönliches Leben zu erforschen. Ich kann an außerirdische Wesen glauben, die in den Gang der Menschheitsgeschichte in guter oder böser Absicht eingreifen und die in fliegenden Untertassen durch das Weltall sausen. Ich kann im spiritistischen Zirkel mit jemandem plaudern, der vorgibt, meine verstorbene Oma zu sein, und sie um Rat bitten. Ich kann mich selbst für einen potenziellen Gott halten und mich in Kursen und Seminaren zu einem richtigen Gott ausbilden lassen. Oder ich kann einen Mitmenschen zu meinem Gott machen, indem ich ihn vergötze, bewundere, verehre oder sein Fan bin.

Hierfür stellen sich diverse Künstler, Sportler, Politiker oder Gurus gern zur Verfügung. Diese Liste fortzuschreiben ist sicherlich überflüssig. Es liegt klar auf der Hand: Wenn Gott nicht mehr Gott ist, dann entsteht eine Lücke, die durch etwas anderes ausgefüllt wird. Weil es kein Vakuum geben kann – vor allem nicht in der menschlichen Seele.

Diese Lücke kann nur mit unserem ausdrücklichen Einverständnis in uns entstehen. Besser lassen wir das gar nicht erst zu. Dann wissen wir: Gott hat nicht nur durch seine menschlichen Mitarbeiter Tote auferweckt. Er hat noch etwas viel Großartigeres getan. Er ist selbst Mensch geworden, unter unvorstellbaren Qualen gestorben und hat sich dann »selbst« von den Toten auferweckt. Nicht als körperloser Geist spukte er nach der Kreuzigung durch seine Gemeinde. Er erschien im Körper. Man konnte ihn sehen und anfassen. Er aß sogar. Und er hat dafür gesorgt, dass wir über diese Tatsachen hinreichend informiert sind. Vier zuverlässige Berichte liegen uns darüber vor.

Ein Gott, der so etwas zu Wege bringt, den kann ich mit keiner Bitte überfordern. Ich kann ihn beispielsweise bitten, mich innerlich so umzugestalten, dass ich in der Lage bin, seine Aufträge zu erfüllen. Er kann mir helfen, König Ego vom Thron meines Lebens zu stoßen, sodass er als rechtmäßiger König mein Leben lenken, regieren und bestimmen kann. Geschieht das, dann kann ich das Wort »unmöglich«

getrost aus meinem Vokabular streichen. Ich werde es in der Praxis kaum noch brauchen.

Das Reich Gottes ist ein gigantisches Unternehmen, in dem permanenter Mitarbeitermangel herrscht. Jeder wird gebraucht. Mangelnde Qualifikation kann, wie wir an Gideon gesehen haben, sogar die beste Qualifikation sein. Wenn einst Zahltag ist, dann wird der Chef nicht geizen. Man kann die Bibel auch als ein ausführliches Stellenangebot lesen. Sich darauf nicht zu melden ist keine gute Idee.

KAPITEL 10

MENSCHHEITSGESCHICHTE – TEIL 2

In der Regel machen wir Menschen nur etwas, das sich auch irgendwie lohnt. Wer sich auf das ausführliche Stellenangebot hin meldet, das man Bibel nennt, der wird nicht im Unklaren darüber gelassen, womit er als Aufwandsentschädigung für seine Bereitschaft, eine richtige Entscheidung (= zu glauben) zu treffen, rechnen kann. Mit dieser Entscheidung ist auch die Bereitschaft verbunden ist, Gott zu gehorchen – mehr als den Menschen. Was nicht immer ganz leicht ist. Was sich aber auszahlt, wie unzählige Verheißungen (und Erfahrungen) deutlich belegen.

Wir leben bedauerlicherweise in einer verpfuschten Schöpfung. Das haben wir Satan zu verdanken und unserer Bereitschaft, das zu tun, wovon er profitiert. Eine Zeit lang wird Gott sich das noch mit ansehen. Aber irgendwann ist Schluss. Der Tag, an dem das passieren wird, ist im himmlischen Kalender schon rot angekreuzt. Wir kennen ihn zwar nicht, aber wir wissen: Er wird kommen. Dann fliegt der ganze Schwindel auf, den Satan der Menschheit seit dem Sündenfall vorgegaukelt hat. Alle Lügengebäude werden zusammenstürzen wie ein Kartenhaus nach einem Niesanfall. Dann wird Gott seine ursprünglichen Pläne, die er mit der Menschheit und für die Menschheit hatte, ungehindert verwirklichen. Ohne dass ihm noch irgendwelche Störenfriede dazwischenfunken können.

Halleluja! Wer dann bei dem Projekt »Menschheitsgeschichte – Teil zwei« dabei ist, der wird vielleicht mit Abraham Golf spielen gehen, Wein trinken aus der Winzerei Noah & Söhne, von Franz von Assisi in einem Wochenendseminar den richtigen Umgang mit Tieren lernen , über Brücken fahren, die Christopherus gebaut hat oder ein Konzert von König David besuchen. Er wird vielleicht im Fitnessstudio von Samson trainieren oder Jesus in seinem Gästezimmer beherbergen, wenn der Herr wieder mit seinen Aposteln unterwegs ist.

Statt eines Dackels wird er vielleicht einen zahmen Löwen haben, und Faltencremes oder Medikamente werden nicht mehr hergestellt, weil keiner mehr alt oder krank wird. Bestattungsunternehmer müssen umschulen, ebenso wie Soldaten, Polizisten, Juristen, Ärzte, Versicherungsagenten und Bankleute. Dafür wird es viele neue Berufe geben.

Wenn keiner mehr stirbt und die Gotteskinder aller Epochen seit dem Sündenfall auf die Erde zurückkehren, wird es hier irgendwann vielleicht etwas eng werden auf diesem Planeten. Na und? Das Weltall ist voll von bewohnbaren Planeten. Gott hat bereits vorgesorgt. Wenn keiner mehr da ist, der uns belügt, quält und dazu überredet, Gott durch unser Verhalten zu betrüben, dann brechen wirklich gute Zeiten für uns an. Da werden wir Leuten begegnen, die wir immer schon mal gern kennen lernen wollten, was aber nicht möglich war, weil sie leider sterben mussten, bevor wir geboren wurden. Tote Dichter werden wieder leben und neue Bücher schreiben. Verstorbene Komponisten kehren ins Leben zurück und laden zur Uraufführung ihrer neuesten Werke ein. Man kann sich von Künstlern porträtieren lassen oder bei ihnen Malunterricht nehmen. Dietrich Bonhoeffer und Augustinus moderieren vielleicht gemeinsam eine Talkshow. Wer weiß? Die Folge mit Martin Luther sollten wir dann nicht versäumen, denn vielleicht erzählt er dort ja, was er als Nächstes vorhat.

Wer dann zu den Zuschauern zählt, der weiß, dass es sich gelohnt hat, dass der Preis nicht zu hoch war, den wir vielleicht zahlen mussten. Wir haben für einen Spottpreis die Eintrittskarte für eine Welt erworben, in der man morgens nicht schnell genug aus dem Bett springen kann, weil man allen Grund hat, sich auf den Tag zu freuen. Wie ein Kind auf die Weihnachtsbescherung – und das nicht nur ein paar Tage oder Monate lang, sondern ewig. Das heißt: Ohne Ende! Unsere Urenkel werden keinen Tag jünger aussehen als wir, und manch einer wird einen Computer brauchen, um an die Namen und Adressen seiner unzähligen Nachkommen erinnert zu werden. Im Museum stehen vielleicht Rollstühle, Waffen und chirurgische Instrumente; Geld, Grabsteine und Gefängnisgitter.

Es macht unbändigen Spaß, sich vorzustellen, wie es sein wird, wenn sich die großen Verheißungen der Bibel erfüllt haben. Wenn alles noch einmal von vorn losgeht, diesmal aber richtig: so, wie Gott es ursprünglich geplant hatte. Wenn Gottes Mitarbeiter die Welt in ein Paradies verwandeln, Seite an Seite mit Adam, Noah, Abraham und all den vielen anderen.

Es war Gottes Plan, dass der Mensch ewig leben und Freude an seiner Arbeit in und an der Schöpfung haben sollte. Die Menschheit war als eine große, glückliche Familie konzipiert, in der jeder seinen

Platz, seine Aufgabe und seine Bedeutung hat. Einsamkeit, Angst, Schmerzen, Traurigkeit, Langeweile oder Gefühle der Sinnlosigkeit waren nicht vorgesehen. Ungetrübte Lebensfreude aller Kreaturen war das Ziel.

Wer sich einbildet, eine solche Welt wäre langweilig – eine Welt, der die »Würze« des Bösen fehlt –, der hat einfach keine Phantasie. Oder er hat noch nicht genügend unter der Tatsache gelitten, dass die gegenwärtige Schöpfung verpfuscht ist. Vielleicht hat er auch kein Mitleid mit denen, die darunter leiden. Oder keine Wut auf den, dem wir es zu verdanken haben, dass Geldgier, Konkurrenzdenken, Ängste, Gleichgültigkeit, Krankheiten, Lieblosigkeit und Traurigkeit permanent unsere Seele zu vergiften drohen und uns immer weiter in das Geflecht der Lügen verstricken, auf denen alles Elend dieser Welt basiert.

Wir müssen nicht gegeneinander kämpfen, um zu überleben, sondern miteinander teilen. Wir müssen nicht über andere triumphieren, um jemand zu sein. Liebe ist unsere Existenzberechtigung, und sie allein verleiht uns wahre Größe. Wir brauchen kein Geld zu horten aus Angst vor der Zukunft, wenn jederzeit jeder bereit ist, jedem zu helfen. Kurz gesagt: Wenn wir uns aus Satans Lügengeflecht mit Gottes Hilfe befreit haben. Allein können wir es nicht schaffen.

Biblische Verheißungen kann man sich durch den Glauben aneignen. Man ist sogar gut beraten, das zu tun. Anderenfalls geht man das Risiko ein, nicht zu denen zu gehören, die davon profitieren, wenn sich die Verheißungen erfüllen. Aber sie werden sich erfüllen! Gott lügt nicht. Auch nicht in dem, was er denen ankündigt, die sich geweigert haben, sich auf sein großes Stellenangebot hin, auf die Bibel hin, zu melden: »Der Menschensohn wird seine Engel schicken, und sie werden aus seinem Reich alles entfernen, was zur Sünde verleitet, und alle Menschen, die Böses tun. Und sie werden sie in den Ofen werfen und verbrennen. Dort werden sie schreien und mit den Zähnen knirschen« (Matthäus 13,41-42). Wir haben wenig Anlass zu der Vermutung, Jesus würde übertreiben oder schlechte Witze machen oder nicht genau wissen, wovon er redet. Dazu hat er nie geneigt. Wenn er sagt: »Wer an mich glaubt, der hat schon das ewige Leben« (Johannes 6,47), dann ist klar, dass wir eine Entscheidung zu treffen haben, die weit reichende, ewige Konsequenzen hat. Wir sind vor die Wahl gestellt, ob wir bei dem gigantischen Projekt »Menschheitsgeschichte – Teil zwei« dabei sein wollen oder nicht.

Noch kann sich jeder frei entscheiden. Aber irgendwann ist die Entscheidungsfrist abgelaufen. Was dann passiert, darüber lässt Jesus uns nicht im Unklaren. Jesus erzählt die Geschichte von Lazarus (Lukas 16,19ff.), der nach seinem Tod von den Engeln in den Himmel getragen wurde. Dort wurde Lazarus von Abraham empfangen. Ungefähr gleichzeitig war ein reicher Mann gestorben, der sich zu Lebzeiten weder für die Not seiner Mitmenschen noch für Gottes Offenbarungen interessiert hatte, sondern nur für sich selbst. Er kam nicht in den Himmel. Er kam an einen Ort der Qual und der Gottesferne. Dort bereute er es sehr, zu Lebzeiten die falsche Entscheidung getroffen zu haben. Er bat Abraham um Hilfe. Abraham konnte ihm aber nicht helfen. Da bat er Abraham, Lazarus zu seinen Brüdern zu senden, damit wenigstens denen die Hölle erspart bliebe. Damit sie wüssten, was auf sie zukommt, wenn sie weitermachen wie bisher. Auch das lehnte Abraham unter Hinweis auf die Bibel ab. Sinngemäß sagte er: Wer ihr nicht glaubt, ist selbst schuld.

Jesus holte Lazarus, seinen Freund, ins Leben zurück (Johannes 11,39ff.). Wir können sicher sein: Als Lazarus wieder lebte, werden ihn alle gefragt haben, wie es wohl gewesen ist, tot zu sein. Mancher hat sich seinen Bericht vielleicht als Warnung zu Herzen genommen. Womit jeder gut beraten ist, denn es handelt sich wirklich um eine sehr ernste Angelegenheit, über die manch einer vielleicht spottet. Das kann er tun. Dazu berechtigt ihn seine Willensfreiheit. Er kann sich auch auf Sterbeforscher berufen und sagen: Es kommen unterschiedslos alle in den Himmel, ob Christ oder nicht. Die Glaubensentscheidung hätte auf das Schicksal nach dem Tod des Menschen keinen Einfluss. Auch hier gilt: Die Willensfreiheit berechtigt uns, jeder Aussage Glauben zu schenken, die den Offenbarungen der Bibel widerspricht. Wenn uns etwas anderes besser gefällt als die Wahrheit, dann steht es uns frei, unsere Entscheidung zu treffen. Das ist uns unbenommen.

Manche treffen die richtige Entscheidung sehr spät. Wie beispielsweise einer der Verbrecher, die zusammen mit Jesus gekreuzigt wurden (Lukas 23,42). Sehr spät, aber nicht zu spät. Ihnen gilt dann die Verheißung des Herrn: »Heute noch wirst du mit mir im Paradies sein« (Lukas 23,43). Die Entscheidungsfrist ist nicht eher abgelaufen, als bis sich die Seele und der Geist unwiderruflich vom Körper getrennt haben. Das Gnadenangebot gilt bis zur letzten Sekunde. – Insofern ist es sehr gut möglich, dass wir im Himmel Leuten begegnen werden, die wir dort eigentlich gar nicht vermutet hätten, die noch in letzter Sekunde zur Vernunft gekommen sind.

Jesus rettet wirklich jeden, der noch irgendwie zu retten ist. Er gibt niemanden vorschnell verloren. Er hat nach seinem Tod im Reich des Todes gepredigt (1. Petrus 3,19-20). Dass Jesus diese Vollmacht hat, ist ein Gedanke, der uns zu unsinnigen Spekulationen führen könnte: Was ist wohl größer – seine Liebe oder seine Macht? Was Jesus angeht, kann man sagen, dass »Liebe« und »Macht« zwei Worte sind, die bei ihm ein und dasselbe bezeichnen. Das ist einfach unbegreiflich. Unbegreiflich schön.

Aber die Verheißungen der Bibel beziehen sich nicht nur ausschließlich auf die Zukunft. Auch für die Zeit, während wir wie das Volk Israel auf der Wanderschaft sind – die Sklaverei Ägyptens hinter uns und das Gelobte Land vor uns – auch für dieses Leben sind uns Verheißungen gegeben, Manna für die Seele: »Doch wenn ihr mit mir verbunden bleibt und meine Worte in euch bleiben, könnt ihr bitten, um was ihr wollt, und es wird euch gewährt werden!« (Johannes 15,7). Dafür, dass seine Worte auch wirklich in uns bleiben, wird uns die Hilfe des Heiligen Geistes zugesichert: »Doch wenn der Vater den Ratgeber als meinen Stellvertreter schickt – und damit meine ich den Heiligen Geist –, wird er euch alles lehren und euch an alles erinnern, was ich euch gesagt habe« (Johannes 14,26). »Und ich versichere euch: Ich bin immer bei euch, bis ans Ende der Zeit« (Matthäus 28,20). Und für alle, die an Jesus glauben, für seine Gemeinde, gilt: »Auf diesen Felsen will ich meine Gemeinde bauen, und alle Mächte der Hölle können ihr nichts anhaben.« (Matthäus 16,18).

Diese Verheißungen sind bindende Garantieerklärungen. Denn Gott lügt nicht. Wer das weiß, der hat für sich diese Verheißungen in Anspruch genommen. Sie haben für ihn Gültigkeit.

Gottes Verheißungen richten sich immer nur an den, der sie glaubt. Sie verpflichten Gott nicht dazu, sie jemandem gegenüber einzulösen, der an ihnen zweifelt, der sich also entschieden hat, das Angebot auszuschlagen. Denn Zweifel sind mangelnder Glauben oder Unglauben. Unglauben ist ein Nein zu Gott. Wer sich dafür entscheidet, dieses Nein in seiner Seele auszusprechen, der hat keinen Anspruch darauf, dass Gott ihn dafür auch noch belohnt.

Die Bibel ist voller Verheißungen. Sie ist wie ein großer Versandhauskatalog voller toller Angebote – eines besser als das andere. Alles, was wir darin finden und glauben, gehört sofort uns. Nur keine falsche Bescheidenheit! Es lohnt sich zuzugreifen. Natürlich ist das alles nicht kostenlos. Es kostet uns den Mut zum Glauben. Den Mut, die richtige Entscheidung zu treffen. Aber der Preis ist nicht zu hoch. Bei genauer Betrachtung ist es sogar ein Spottpreis, wenn man sich vergegenwärtigt, was man dafür alles bekommt. »Siehe, ich habe dir heute vorgelegt das Leben und das Gute, den Tod und das Böse« (5. Mose 30,15). Sollte die Wahl da so schwer fallen?

KAPITEL 11

MITARBEITER WERDEN

»Ich will meinen Geist in euch geben und will solche Leute aus euch machen, die in meinen Geboten wandeln und meine Rechte halten und danach tun« (Hesekiel 36,27), verheißt Gott seinen Kindern.

Viele glauben, es sei ihre Pflicht, aus eigener Kraft und unter großen inneren Anstrengungen ein besserer Mensch zu werden, damit Gott mit ihnen zufrieden sein kann. Sie glauben, unermüdliche Eigenleistung sei gefragt. Dann kämpfen sie zäh und verbissen gegen ihre sündige Natur, gegen ihre inneren Defizite und gegen all das, was in ihrem Leben, Denken und Handeln nicht »bibelkompatibel« ist. Sie strengen sich an, sie geben sich Mühe, sie versuchen, gute Vorsätze in die Tat umzusetzen. Sie spalten sich innerlich auf: in einen strengen Schulmeister und einen, der permanent geschulmeistert wird. Dies ist natürlich kein sinnvoller Beitrag zur Steigerung der Lebensfreude. Wie soll man da den Auftrag Gottes erfüllen, der uns mit allem Nachdruck von Paulus überbracht wurde: »Freut euch im Herrn. Ich betone es noch einmal: Freut euch!« (Philipper 4,4). Dass Gott großen Gefallen an verbissenen, verbiesterten und letztlich auch verbitterten Mitarbeitern hat, ist eher unwahrscheinlich.

Immer, wenn wir versuchen, aus eigener Kraft etwas zu tun, was nur Gott zu Wege bringen kann, sind Misserfolge und Enttäuschungen vorprogrammiert. Er möchte, dass seine Kinder heilig sind (1. Petrus 1,16). Er hat aber mit keiner Silbe gesagt, dass wir uns selbst dazu erziehen müssen, können oder dürfen. Das Recht hat er sich selbst vorbehalten. Warum?

Weil er mit uns keine Geschäfte machen will. Er will uns an dem Versuch hindern, seine Liebe durch permanente Höchstleistungen zu erkaufen. Wir sollen uns nicht einbilden, durch unser gutes Verhalten quasi einen Rechtsanspruch gegen Gott erwerben zu können, der ihn zu entsprechenden Gegenleistungen verpflichtet. Wer einen solchen Rechtsanspruch erwerben will, der hat letztlich nur eines im Sinn: Zwang auf Gott auszuüben. Gott zu etwas zu verpflichten. Ihn in gewissem Sinne dienstbar zu machen. Wenn ich sage: »Lieber Gott, ich habe so viel für dich getan, jetzt musst du auch mal etwas für mich tun, nämlich Folgendes: ...«, dann spricht daraus eine Geisteshaltung, die bei unserem himmlischen Vater sicherlich keine große Begeisterung auslöst.

Einer, der letztlich nichts anderes will als reich beschenken, wird etwas überrascht sein, wenn jemand seine Geschenke zurückweist und sie nicht einfach dankbar in Empfang nimmt, sondern sie stattdessen lieber kaufen, verdienen oder gar als Erpresserbeute an sich raffen will. Genau das aber tun wir, solange wir meinen, durch Eigenleistung so werden zu müssen, wie Gott uns haben will. Das ist der falsche Weg. Gott übt keinen Leistungsdruck auf seine Kinder aus. Wer ihm das unterstellt, der kennt ihn schlecht und kann ihn auch nicht wirklich lieben. Denn für ihn ist Gott jemand, der ihn permanent überfordert. Der Leistungen von ihm erwartet, die er nicht erbringen kann. Der einem rund um die Uhr das Gefühl gibt, ein kläglicher Versager zu sein. Der Dinge verlangt, die man nicht zu Stande bringt, so sehr man sich auch bemüht.

Solange wir uns aus eigener Kraft bemühen, so zu sein, dass wir den höchsten Ansprüchen, den Ansprüchen Gottes, genügen, begehen wir einen schweren

Fall von Amtsanmaßung, indem wir selbst etwas tun wollen, was nur Gott kann, darf und will. »Ich will«, sagt er, »meinen Geist in euch geben und will solche Leute aus euch machen, die in meinen Geboten wandeln und meine Rechte halten und danach tun« (Hesekiel 36,27). Er will es. Nicht wir selbst sollen es. Er will es, und er kann es. Wir selbst wollen es vielleicht, aber wir können es nicht – und sollen es auch nicht. Wir müssen nicht versuchen etwas zu tun, was Gott durch den Heiligen Geist viel besser kann.

Wer von Natur aus liebevoll, geduldig, nachsichtig, hilfsbereit und fröhlich ist, ein guter Mensch eben irgendwie, der hat einen schweren Nachteil. Er begreift nicht so leicht, wie dringend er Gott braucht. Da hat es jemand, der nicht ganz so gut ist, leichter. Ihm ist deutlich bewusst, dass da etwas getan werden muss, was er beim besten Willen nicht selbst schaffen kann. Jesus hat(te) es mit den Sündern oft leichter als mit den Gerechten. Die Sünder wissen, dass sie ihn brauchen. Sie haben den Offenbarungseid der Seele abgelegt und offen eingestanden: Ohne dich geht gar nichts. Ich bin mit mir selbst am Ende. Jetzt bist du dran. Hilf mir bitte!

Wenn wir mit dieser inneren Haltung an ihn herantreten, machen wir Jesus eine große Freude. Dann ist unser Widerstand gebrochen. Denn Jesus will uns ja nicht zu unserem Glück zwingen. Er respektiert unsere Willensfreiheit, auch wenn sie ihm immer wieder so großen Kummer bereitet. Erst wenn wir mit allem Nachdruck bitten, betteln und flehen: »Dein Wille geschehe«, weil wir begriffen haben, dass sein Wille gut, richtig und überhaupt sowieso das Beste für uns ist, erst dann sind wir innerlich bereit für das große Abenteuer, das zu werden, was wir sein sollen. Gott ruft uns zu: »Kehrt zurück, ihr abtrünnigen Kinder, so will ich euch heilen von eurem Ungehorsam« (Jeremia 3,22). Wer Gott inneren Widerstand entgegensetzt, leidet also offenbar an einer Krankheit der Seele, die er nicht selbst heilen kann, die Gott aber heilen will. Vorausgesetzt, wir lassen ihn und wir begreifen, dass es das Vernünftigste ist, ihn tun zu lassen, was nur er tun kann.

Unser Ich, König Ego, ein vom Allmachtswahn befallener kleiner Tyrann, lebt und regiert in der irrtümlichen Überzeugung, ohne ihn ginge gar nichts. Seine Macht wird durch nichts so stark gefestigt wie durch den Irrtum, er könne alles. Zum Beispiel sich selbst vervollkommnen. Als könnte ein Rohdiamant durch eigene Willensanstrengung zu einem funkelnden Diamanten werden. Das klappt nicht. Da muss schon ein Fachmann ran, der sein Handwerk versteht.

Viele Irrlehren basieren auf der Lüge, der Mensch habe die Pflicht und die Möglichkeit, aus eigener Kraft vollkommen zu werden. Durch Selbsterziehung, Selbsterkenntnis, durch alle möglichen Formen von Eigenleistung unter Anwendung von Techniken und Regeln, die man (oft gegen Bezahlung) erlernen kann. Schritt für Schritt glaubt man, sich auf das Ziel der Vollkommenheit zuzubewegen und entfernt sich dabei immer weiter von Gott. Dies machen wir nur deshalb, weil wir nichts als Geschenk annehmen möchten, wovon wir glauben, man könne es sich auch selbst erarbeiten. Treibende Kraft ist hierbei die Furcht von König Ego vor der Entthronung. Denn er weiß einfach nicht, wie gut es ihm gehen würde, wenn er seinen Platz für den rechtmäßigen Regenten räumen würde. Es übersteigt seine Vorstellungskraft, wie glücklich er sein könnte, wenn er sich nicht einer permanenten Selbstüberforderung aussetzte, die dadurch zu Stande kommt, dass er tun will, was nur Gott tun kann. Nämlich solche Leute aus uns zu machen, die Gott gefallen. Die seinem Handeln keinen inneren Widerstand mehr entgegensetzen und die damit von einer Last befreit sind, die ihnen so lange Zeit das Leben unnötig schwer gemacht hat. Ich kann vielleicht meinen Nächsten nicht lieben wie mich selbst, aber Jesus in mir kann es. Er tut es auch, sobald ich aufhöre, ihn daran zu hindern, indem ich durch eigene Bemühungen seinen Handlungsspielraum in mir gegen null reduziere. Denn solange ich etwas tue, kann er nichts tun. Solange er nichts tut, ist alles, was getan wird, Pfusch und Stümperei.

Wer in dieser Erkenntnis lebt, den nennt man demütig. Jesus hat uns diese Haltung vorgelebt: »Doch ich tue nichts, ohne den Vater zu fragen, sondern richte, wie er mir rät. Und mein Urteil ist vollkommen gerecht, weil es nicht meinem, sondern dem Willen des Vaters entspricht, der mich gesandt hat; ich richte nicht aus mir selbst heraus« (Johannes 5,30). Wer begriffen hat, dass er nichts von sich aus tun kann, der versucht und will es auch nicht mehr. Sein Ich ist nicht mehr Herrscher, sondern Diener oder Mitarbeiter. Damit nimmt das Ich dann endlich seinen vorgesehenen Platz ein. Wer dort ist, wo er sein sollte, und das tut, was er tun sollte, der ist glücklich. Dies gilt auch und besonders für ein vom Allmachtswahn befreites Ich.

Gott macht uns das Angebot, uns innerlich umzugestalten. Also das aus uns zu machen, was wir eigentlich sein sollten und vernünftigerweise auch sein wollten. Denn nur wenn wir so sind, wie Gott es für uns geplant hat, können wir auch glücklich sein. Jede Abweichung von Gottes Plänen erzeugt automatisch Unglück. Logischerweise. Denn wenn Gottes Pläne gut und genial sind (und was könnten sie auch anderes sein), dann muss das Ergebnis der Durchkreuzung seiner Pläne in jeder Hinsicht negativ und unerfreulich sein.

Solange unser Ich als König Ego in unserem Leben seine angemaßten Herrschaftsansprüche geltend macht, führt er sich auf wie König Herodes, der aus Angst um seinen Thron den neugeborenen Messias ermorden wollte – in Überschätzung seiner eigenen

Möglichkeiten und in sträflicher Unterschätzung der Macht Gottes. Wenn Jesus in uns sein Wirken durch den Heiligen Geist beginnt, wird das Ich zunächst noch Widerstand leisten. Es wird sich auf seine eigene Stärke und seine eigenen Fähigkeiten berufen und immer wieder aus eigener Kraft das tun wollen, was nur Gott tun kann und damit scheitern.

Wenn wir uns dafür entscheiden, Gott das tun zu lassen, was nur er wirklich tun kann, nämlich uns Schritt für Schritt in die Leute zu verwandeln, an die er dachte, als er uns schuf, dann beginnt sein Geist in uns zu wirken. Sein Geist wirkt auf unseren Geist ein und der wiederum auf die Seele, also auch auf das Ich. Zunächst wird das Gewissen aktiviert. Unsere Sünden kommen uns nach und nach zu Bewusstsein. Vieles, was vergessen oder verdrängt war oder wofür wir fragwürdige Rechtfertigungsgründe vor uns selbst ersonnen hatten, wird ganz klar beim Namen genannt: Sünde; Schuld; Dinge, deren Konsequenzen uns von Gott getrennt haben. Ausflüchte sind nicht mehr möglich. Diese Konfrontation mit der eigenen fast erdrückenden Sündenlast ist zunächst ziemlich qualvoll. Dem Ich wird ein Spiegel vorgehalten, und es erkennt sich in seiner ungeschminkten Erbärmlichkeit. In seiner Schlechtigkeit und Verworfenheit. Dies kann sich bis an die Grenzen des Erträglichen hin steigern. Der Erlösungsbedarf wird deutlich. Das Ich erkennt: Ich habe Strafe verdient. Ich bin sündig. Ich bin schlecht. Ich habe Schuld auf mich geladen – mehr, als ich jemals abtragen könnte. Die innere Qual durch die Anklagen des Gewissens steigert sich so lange, bis man erkennt, dass man überfordert ist. Dass man einfach nichts tun kann, dass man Hilfe braucht, dass man Jesus braucht, dass er am Kreuz ja bereits pauschal all unsere Sünden im Voraus bezahlt hat, dass er der Erlöser ist und dass es einfach keine Alternative dazu gibt, sein Erlösungsangebot anzunehmen.

Diese Einsicht ruft eine überwältigende Mischung aus Dankbarkeit und Erleichterung hervor. Streng genommen ist eigentlich erst dies der Moment, in dem man wirklich Christ wird. Vorher war der Glaube eine Art verstandesmäßiges Für-wahr-Halten. Jetzt wird er lebendige Erfahrung. Man beginnt zu begreifen, wer Jesus ist und was er geleistet hat. Und man liebt ihn dafür, denn man hat innerlich erfahren, wie sehr man von ihm geliebt wird. Mehr als man verdient. Diese Liebe ist eine Liebe, die nicht nach Verdienst und Würdigkeit fragt. Sie ist bedingungslos, sie ist absolut und umfassend. Sie hat die Macht, einen neuen Menschen aus uns zu machen.

Wenn man diese Liebe erfahren hat, ist man ein anderer Mensch. Man erlebt eine Wiedergeburt. Der alte Mensch ist mit Jesus am Kreuz gestorben (Römer 6,6). Der neue Mensch ist gemeinsam mit ihm auferstanden durch die Gnade Gottes. Ich konnte nichts tun, um mich von meiner Sündenlast zu befreien. Ich musste es aber auch gar nicht. Denn alles, was getan werden muss, ist bereits von Jesus getan worden. Alles, was von mir verlangt wird, ist, dass ich dies große Geschenk annehme und dass ich begreife, dass ich dafür keine adäquate Gegenleistung erbringen kann. Dass ich nichts tun kann, um mich dieses gigantischen Geschenks als würdig zu erweisen. Ich kann nur danken, tausendmal danken – mehr nicht.

Dies führt zu einer freiwilligen Abdankung von König Ego. Er wird demütig und unsagbar glücklich. Gott hat seine Verheißung erfüllt: »Ich will meinen Geist in euch geben und solche Leute aus euch machen, die in meinen Geboten wandeln und meine Rechte halten und danach tun.«

Er hat es getan. Er, der dreieinige Gott: Vater, Sohn und Heiliger Geist. Ich konnte nichts weiter dazu beitragen, als dieses Geschenk anzunehmen – und ihm zu danken.

Nach diesem Erlebnis setzt sich die Arbeit des Heiligen Geistes am Geist des Menschen fort. Nach und nach werden alle Sünden, auch bisher unbewusste, aufgedeckt und unter das Kreuz gebracht. Man erfährt, dass das Blut Christi tatsächlich von allem reinigt und befreit, was zwischen uns und Gott gestanden hat. Gottesferne verwandelt sich in Gottesnähe.

Wer erfahren hat, dass und wie Gott in ihm handelt, der wird auch dem weiteren Handeln Gottes, des Heiligen Geistes, in ihm kaum noch Widerstand entgegensetzen. Er ist bereit, in seinem Leben Jesus all das tun zu lassen, was er selbst nicht tun kann und auch nicht tun soll, darf oder muss. Wenn Gott uns so weit gebracht hat, dass wir ihm als »menschliche Werkzeuge«, als brauchbare Mitarbeiter, zur Verfügung stehen, kann er Dinge durch uns tun, die alles in den Schatten stellen, was wir jemals aus eigener Kraft hätten tun können. Aufträge, die er uns in der Bibel erteilt hat, müssen nicht mehr aus Furcht vor dem Versagen verweigert werden. Denn Gott kann nicht versagen. Er selbst ist es ja, der die Aufträge in uns und durch uns und mit uns erfüllen will. Durch seine Mitarbeiter, die ihm dann endlich uneingeschränkt von Nutzen sein können.

KAPITEL 12

DER LEIB CHRISTI

Derzeit sitzt Jesus Christus zur Rechten seines (unseres) Vaters, von wo er kommen wird, zu richten die Lebendigen und die Toten (was hoffentlich bald der Fall sein wird). Ist er bis dahin zu Untätigkeit verurteilt? Ein Zuschauer, der das Geschehen auf der Welt mit großer Anteilnahme, aber ohne große Möglichkeiten des Eingreifens in den Gang der Dinge beobachtet?

Nein.

Wir kommen auf ein großes Mysterium zu sprechen. Der Herr hat sich einen riesengroßen, potenziell extrem handlungsfähigen physischen Körper geschaffen, der praktisch überall auf der Welt präsent ist: seine Gemeinde. Die Summe aller Menschen, die ihn als ihren Retter angenommen haben. Menschen jeden Alters, jeder Nationalität, unterschiedlich in Herkunft, Ausbildung und Aussehen, weiblich, männlich, jung, alt – sie alle sind Teil seines Körpers. Paulus setzt uns von dieser sensationellen Tatsache in Kenntnis, wenn er sagt: »So bildet ihr gemeinsam den Leib Christi, und jeder Einzelne gehört als Teil dazu« (1. Korinther 12,27). Dieses Werk hat der Heilige Geist vollbracht: »Einige von uns sind Juden, andere Nichtjuden; einige sind Sklaven, andere frei. Aber wir haben denselben Geist empfangen und gehören durch die Taufe zum Leib Christi« (1. Korinther 12,13). Der Kopf dieses Körpers ist Christus (Epheser 5,23). In diesem großen Organismus hat jedes Glied seinen Platz, seine Aufgabe und seine Würde. Wenn Jesus, Gott der Sohn, etwas zu tun beabsichtigt, dann benutzt er dazu seinen irdischen Körper: uns.

Das ist eine große Auszeichnung für uns – und ein großes Risiko für ihn. Er geht das Risiko aber ein. Daraus können wir schließen, dass sein Glaube an uns höchstwahrscheinlich noch viel größer ist als unser Glaube an ihn. (Wie auch Gottes Glaube an Hiob sicherlich sogar noch den Glauben Hiobs an ihn übertraf.)

Glauben heißt vertrauen. Womit haben wir das Vertrauen von Christus verdient? Wir enttäuschen ihn jeden Tag mehrfach. Trotzdem glaubt er an uns. Trotzdem vertraut er uns. Ist dieses Vertrauen gerechtfertigt?

Ja. Denn sein Vertrauen zu uns ist in Wahrheit nichts anderes als gesundes Selbstvertrauen. Indem er uns vertraut, vertraut er sich selbst. Dazu ist er bestimmt allemal berechtigt. Gott kann sich nicht selbst enttäuschen. Das ist nicht möglich. Er enttäuscht niemanden.

Inwiefern ist sein Vertrauen zu uns nur ein anderes Wort für göttliches Selbstvertrauen, das sich nicht selbst enttäuschen kann?

In einem gesunden Körper führt jedes Organ seine Aufgabe aus. Jede einzelne Zelle leistet ihren individuellen Beitrag zur gesunden Funktionsfähigkeit des Gesamtorganismus. Gesteuert wird alles vom Kopf aus. Jede Zelle ist ein Mikrokosmos für sich und gleichzeitig auch Bestandteil eines größeren Ganzen. Aus dem Zusammenwirken unzähliger einzelner Zellen entsteht eine harmonische Einheit, die den Willen des Kopfes ausführt. Das harmonische Zusammenwirken aller Christen als Leib Christi durch den Heiligen Geist ist dem Einzelnen vielleicht nicht immer bewusst. Was weiß die Leberzelle, die Zelle im Herzmuskel oder die Zelle im Innenohr über meine gegenwärtigen Ziele, über meine Gemütsverfassung und meine Gedanken? Wahrscheinlich nicht allzu viel. Aber sie tut an ihrem Platz ihre Pflicht, indem sie das ist, was sie ist, und das tut, was sie tut. Auf diese Weise leistet sie ihren Beitrag dazu, dass ich das sein kann, was ich bin.

Analog verhält es sich mit jedem einzelnen Christen in seiner Funktion als Teil der Gemeinde Christi. Der Heilige Geist, der in allen Christen gleich welcher Konfession, Hautfarbe oder Nationalität in gleicher Weise präsent ist, macht aus den Vielen die Einheit. Er formt jeden Einzelnen so, wie es seiner Aufgabenstellung innerhalb des Leibes Christi entspricht. Er macht jeden zu dem, was er sein soll, damit jeder seinen persönlichen Auftrag in seinem individuellen Lebensbereich erfüllen kann. Jesus Christus vertraut darauf, dass es dem Heiligen Geist gelingt, diese Umwandlung in uns zu Wege zu bringen. Weil er darauf vertrauen kann, kann er auch uns vertrauen. So schwach und sündig, faul und feige, unbegabt und mit Defiziten belastet wir auch sein mögen – es spielt keine Rolle. Denn all das bezieht sich nur auf unser eigenes Ich. Das ist aber, wie wir gesehen haben, gar nicht gefragt.

Es geht nicht um das, was wir sind. Es geht um das, was Jesus ist. Es geht nicht darum, was wir können, sondern um das, was er kann. Er kann die höchsten

Anforderungen – die Anforderungen Gottes – erfüllen. Er kann jeden Auftrag Gottes ausführen. Durch uns, in uns und mit uns.

Unsere Aufgabe ist klar umrissen in den Worten Marias an die Diener während der Hochzeit zu Kana: »Tut, was immer er euch befiehlt« (Johannes 2,5). Jesus verwandelt das Wasser in Wein. Unsere Aufgabe besteht darin, es in die bereitstehenden Krüge zu füllen, sobald er es verlangt. Die Netze füllt er. Wir müssen sie, wie Petrus, nur auswerfen (Lukas 5,4ff.), sobald er den Befehl erteilt. Ohne daran zu zweifeln, ob es richtig ist oder ob es sich auch lohnt.

Gehorsam dem Vater gegenüber war das tägliche Brot von Jesus: »Meine Nahrung ist, dass ich den Willen Gottes tue, der mich gesandt hat, und sein Werk vollende« (Johannes 4,34). »Er erniedrigte sich selbst und war gehorsam bis zum Tod, indem er wie ein Verbrecher am Kreuz starb« (Philipper 2,8). »Obwohl Jesus der Sohn Gottes war, lernte er doch durch sein Leiden, gehorsam zu sein« (Hebräer 5,8). Damit hat er als neuer Adam, als Erstling der neuen Schöpfung, das Versäumnis Adams nachgeholt. Im Paradies hatte Gott von Adam eigentlich nur zwei Dinge verlangt: die Bereitschaft, ein rundum glückliches, erfülltes Leben zu führen, und als Herrscher und Verwalter der Welt seinem Schöpfer gehorsam zu sein. Der Baum der Erkenntnis von Gut und Böse diente als Prüfstein des Gehorsams. War es wirklich zu viel verlangt, bei Adam und Eva die Überzeugung vorauszusetzen: Gott meint es gut mit uns, und wenn er sagt, wir sollen etwas nicht tun, dann wird es auch tatsächlich das Beste sein, diese Sache nicht zu tun?

Freiwilliger Gehorsam setzt Vertrauen voraus. Ein Vertrauen, das davon ausgeht: Der, dem ich gehorchen will, wird immer die besten Entscheidungen treffen, auch wenn ich vielleicht manchmal seine Gründe dafür nicht kenne.

Wenn Glauben Vertrauen ist und Gehorsam Vertrauen voraussetzt, dann setzt Gehorsam auch Glauben voraus. Dann sollte Glauben als letzte Konsequenz auch Gehorsam nach sich ziehen. So sah und praktizierte es Jesus zu Lebzeiten auf dieser Erde. Er tat den Willen seines himmlischen Vaters, er ließ Gott in sich und durch sich handeln. Die Wunder, die er auf diese Weise vollbracht hat, sind bis heute nicht überboten oder wenigstens wiederholt worden.

Gehorsamsbereitschaft Menschen gegenüber kann schändlich missbraucht werden. Die Geschichtsbücher sind voll von Beispielen davon. Dass Gott das Vertrauen eines Menschen jemals missbraucht hätte, ist dagegen nicht bekannt geworden. Im Gegenteil. Die Bibel liefert unzählige Beispiele, die unwiderlegbar zeigen, dass es immer gut und sinnvoll ist, genau das zu tun, was Gott verlangt.

Manchmal verlangt er Dinge, gegen die unsere Vernunft rebellieren müsste. Als Gideon den Befehl von

Gott erhielt, seine dreihundert Männer nur mit Posaunen und leeren Krügen mit Fackeln darin zu bewaffnen, um auf diese Weise die Midianiter zu besiegen, hätte Gideon – wäre der rationale Alltagsverstand in ihm das beherrschende Element gewesen – eigentlich sagen müssen: »Auf so einen Blödsinn lasse ich mich nicht ein. Wir werden alle sterben, wenn wir das tun!«

Fakt ist: Sie starben nicht. Sie siegten. Weil sie gehorcht und dem Handeln und den genialen Plänen Gottes keinen Widerstand entgegengesetzt hatten. Weil sie ihm die Gelegenheit geboten hatten, einen neuen Beweis seiner Macht zu liefern – zum Besten aller seiner Kinder. Selbst wir profitieren noch von Gideons Gehorsam. Wenn wir von ihm in der Bibel lesen und begreifen, dass diese weit zurückliegenden Ereignisse nach wie vor brandaktuell sind im Hinblick auf die Fragestellung: Soll ich Gott gehorchen? Ist es sinnvoll, das zu tun, was Gott sagt? Bin ich gut beraten, das zu unterlassen, was Gott verbietet?

Auch wenn ich mir damit den Vorwurf einhandele, altmodisch zu sein, sollte ich Gott schlicht gehorchen. Ehebruch beispielsweise ist mittlerweile schon gesellschaftsfähig geworden. Muss ich mir einreden lassen, es sei für die Seele ungesund, Triebverzicht zu leisten? Muss ich der Versuchung nachgeben, wenn sie an mich herantritt?

Ich muss es nicht! Das traurige Schicksal der Scheidungswaisen macht deutlich, wer vom Zerfall der Familien profitiert. Die Menschen sind es nicht. Gott auch nicht. Seine Gebote haben für uns Schutzfunktion. Wenn wir sie als altmodisch und überholt abtun, wenn wir – wie Adam und Eva – glauben, es lohne sich, die Ge- und Verbote Gottes zu übertreten, dann ist das Elend vorprogrammiert. Die Folgen sind unabsehbar. Gott wollte uns davor schützen. Wer meint, er brauche diesen Schutz nicht, der wird böse Überraschungen erleben.

Dies ist der pragmatische Aspekt der Sache. Aber es genügt nicht, die Gebote Gottes nur aus Angst zu befolgen. Aus Angst vor unerwünschten Konsequenzen. Das ist die falsche innere Haltung. Sie ist negativ geprägt und beherrscht von Verneinungen nach dem Schema: »Ich verweigere Gott nicht den Gehorsam, weil ich mich nicht in Schwierigkeiten bringen will.« Gott will uns nicht zu verzagten Duckmäusern erziehen. Wer Gott auch nur ein kleines bisschen kennen gelernt hat, der wird sagen: »Mein himmlischer Vater liebt mich mehr, als ich je begreifen werde. Was er für mich will, ist immer nur das Beste. Also vertraue ich ihm und mache gern, was er sagt, denn er kann nichts beabsichtigen, was mir ernsthaft schadet. Er will mir auch nicht den Spaß verderben, sondern, ganz im Gegenteil, dafür sorgen, dass es mir immer gut geht.« Was wäre uns erspart geblieben, wenn sich schon Adam zu dieser Erkenntnis durchgerungen hätte! Wäre er gehorsam gewesen, dann hätte er seinen freien Willen im Sinne des Erfinders benutzt: nämlich dazu, von sich aus erst gar nichts anderes zu wollen als das, was Gott wollte. Aus Einsicht, im Vertrauen und durch Glauben.

Jesus will durch die Gemeinde wirken. Das fordert von uns über den Glauben hinaus auch den Mut zum Gehorsam. Anders kann es nicht funktionieren. Was er von uns erwartet, dokumentieren die Evangelien. Individuellere Aufträge übermittelt der Heilige Geist, jedoch nie im Widerspruch zu dem, was die Bibel uns offenbart. Wenn wir beten: »Dein Wille geschehe«, geben wir damit auch ein Signal unserer Bereitschaft zum Gehorsam. Wir sagen nicht: »Dein Wille geschehe, vorausgesetzt, ich riskiere damit nichts, und vorausgesetzt, ich sehe ein, wozu es gut ist, und vorausgesetzt, es strengt nicht allzu sehr an.« Diese Vorbehalte werden nicht mitgebetet. Jedenfalls nicht bewusst. Also besiegelt das Amen am Ende des Vaterunsers unsere Bereitschaft, Gott freiwillig zu gehorchen. Vorbehaltlos und bedingungslos. Möge er uns die ungezählten Male verzeihen, in denen wir unser gegebenes Versprechen ihm gegenüber gebrochen haben! Aber auch wenn wir ihn immer wieder enttäuschen – er hört einfach nicht auf, an uns zu glauben. So sehr liebt er uns. So sehr vertraut er darauf, dass die erfolgreiche Zusammenarbeit zwischen ihm und uns letztlich doch reibungslos funktionieren wird. Dass also seine ursprünglichen Pläne für die

Menschheit, wenn auch mit einer gewissen zeitlichen Verzögerung, doch noch realisiert werden. Zum größtmöglichen Nutzen aller Beteiligten und nach Möglichkeit nicht erst nach dem Start des Projektes »Menschheitsgeschichte – Teil zwei«, sondern schon jetzt. Was ihn betrifft – er ist jederzeit dazu bereit.

KAPITEL 13

DER WEG DER SIEBZIG

Wenn Gott durch den Menschen handelt, wenn Jesus durch die Gemeinde handelt, geschieht dies immer und grundsätzlich unter Wahrung der Willensfreiheit des Menschen. Gott missbraucht seine Kinder nicht als Marionetten. Seit Adam und Eva verzichtet er auf die uneingeschränkte Ausübung seiner Allmacht. Unsere Freiheit beschneidet seine Freiheit, aber sie ist die Voraussetzung für die gegenseitige Liebe zwischen Schöpfer und Geschöpf. Also dafür, dass das Ziel der Schöpfung erreicht wird. Der Preis, den Gott dafür zahlen muss, besteht darin, dass er in gewissem Umfang auf menschliche Mitarbeiter »angewiesen ist«, die nach seinem Willen fragen und auch bereit sind, danach zu handeln.

Verfügt Gott über eine genügende Anzahl solcher Mitarbeiter, dann ist seine anfängliche Einbuße an Macht wieder weitestgehend ausgeglichen. Aber: »Die Ernte ist groß, doch die Zahl der Arbeiter ist klein. Betet zum Herrn, der für die Ernte zuständig ist, und bittet ihn, mehr Arbeiter auf seine Felder zu schicken« (Lukas 10,2).

Das tat Jesus. Siebzig Jünger, aufgeteilt in Zweiergruppen, sandte er vor sich her in alle Städte und Dörfer, in die er kommen wollte (Lukas 10,1). Sie sollten die Vorarbeit für ihn leisten: Kranke heilen und das Volk davon in Kenntnis setzen, dass das Reich Gottes nahe zu ihnen gekommen war (Lukas 10,9). Zum Greifen nah. Dieser Auftrag beinhaltete auch die entsprechenden Vollmachten. Jesus, von Gott dem Vater gesandt, handelte und sprach in dessen Vollmacht. Genauso sprachen und handelten die Siebzig im Auftrag und in der Vollmacht von Christus, also indirekt auch im Auftrag und in der Vollmacht des himmlischen Vaters. Gott setzte großes Vertrauen in diese einfachen Leute, die keinerlei besondere Qualifikationen (Lukas 10,21) mitbrachten. Sie waren weder weise noch klug noch gebildet. Sie waren einfach nur im Besitz der Vollmacht. Das reichte völlig aus, um ihren Auftrag zu erfüllen. Begeistert kehrten sie zu Jesus zurück, voller Freude darüber, was der Besitz der Vollmacht ausgerichtet hatte: »Herr, sogar die Dämonen gehorchen uns, wenn wir sie in deinem Namen austreiben« (Lukas 10,17). Ein Jubel, der in den Ohren »aufgeklärter, moderner« Menschen befremdlich klingen muss. Böse Geister haben ihren Platz in Horrorfilmen. Als Krankheitsursache haben sie in den Augen der überwiegenden Mehrheit ausgedient. Man hat inzwischen die verschiedensten medizinischen Fachbegriffe ersonnen. Für praktisch alle Erkrankungen gibt es ein Medikament, das helfen soll. Sehr oft ist es ja auch wirklich so. Damit scheint der Krankheitsbegriff von Jesus widerlegt zu sein. Ein wichtiger Teil seiner Lehre ist ad absurdum geführt. Seine erfolgreichen Heilungen werden entweder in Abrede gestellt oder ignoriert oder auf andere Ursachen zurückgeführt: beispielsweise auf die faszinierende Kraft seiner Persönlichkeit, die Spontanheilungen hervorzurufen im Stande gewesen sei. All dies, darauf hat man sich in weiten Kreisen geeinigt, hat mit bösen Geistern gar nichts zu tun. Denn die gibt es nicht. Man hat sie im Namen der Vernunft eigenmächtig abgeschafft.

Es ist möglich, Christ zu sein und gleichzeitig die Existenz von Engeln und Dämonen in Abrede zu stellen. Man kann an Gott glauben, ohne seinem Widersacher eine persönliche Realität zuzusprechen. Man kann sich aus der Bibel diejenigen Textstellen auswählen, die sich nahtlos in das eigene Weltbild einfügen lassen, und alles, was im Widerspruch dazu steht, als überholt abtun. Dass man damit gleichzeitig behauptet, klüger zu sein als Jesus, wird billigend in Kauf genommen. Seine Lehren haben dann keine überzeitliche Gültigkeit mehr, sondern müssen sorgfältig nach den Kategorien »heute noch brauchbar« und »heute nicht mehr brauchbar« sortiert werden. Man sucht sich aus, was einem an Jesus und seinen Lehren noch gefällt. Was einem nicht mehr gefällt, wird für ungültig erklärt.

Dann ist Jesus auch bald nicht mehr Gott, der Sohn, sondern ein charismatischer Wanderprediger, dessen Nachfolger das große Kunststück zu Wege gebracht haben, seinen Nachruhm über zwei Jahrtausende hinweg zu konservieren und die Begeisterung für ihn nicht verlöschen zu lassen. Was von ihm bleibt, ist dann eine Liste von Verhaltensmaßregeln, deren Anwendung zu einem friedlichen Miteinander aller Menschen führen könnte, wenn sich alle danach richten würden. Dies wird dann als durchaus wünschenswert, aber illusorisch eingestuft.

Siebzig Leute im Rausch der Begeisterung, freudig schockiert über die Macht, die durch sie und in ihren Händen tätig wurde. Vielleicht hatte der eine oder andere zunächst gezweifelt, ob es ihm gelingen würde, seinen Auftrag zu erfüllen – ohne Jesus. Auf sich allein gestellt, mit einem Freund an seiner Seite, in dessen Seele vielleicht dieselben Zweifel nagten. Was sollen wir sagen? Wird man uns auslachen und aus der Stadt jagen? Was ist, wenn wir nach Kranken fragen, die Kranken werden uns gebracht und wir befehlen den bösen Geistern der Krankheit auszufahren, aber nichts passiert? Was ist, wenn die Kranken krank bleiben? Jesus sagt: Was er kann, das dürfen wir auch. Wir sollen es. Aber was ist, wenn wir es nicht können?

Mit diesen Gedanken sind die Siebzig vielleicht losgegangen. Und triumphierend kehrten sie zurück. Die Vollmacht hatte sich als wirksam erwiesen. Auftrag und Vollmacht schienen automatisch auch mit den entsprechenden Fähigkeiten auszustatten.

Wäre Jesus nur ein charismatischer Wanderprediger gewesen, dessen persönliche Ausstrahlung so beeindruckend war, dass sie Spontanheilungen bewirken konnte – eine seltene Ausnahmeerscheinung eben im breiten Spektrum dessen, was ein menschlicher Charakter sein und bewirken kann; wäre Jesus nur das gewesen, nur eine irgendwie magische Persönlichkeit, an der sich die Geister schieden, wie ist dann zu erklären, dass siebzig durchschnittliche einfache Leute, die alles andere waren als Ausnahmepersönlichkeiten, plötzlich dasselbe konnten wie er? Nämlich frei und überzeugend sprechen vor skeptischen Fremden? Und kranke Menschen gesund machen? Ohne medizinische Ausbildung, ohne Tabletten? Wunderheilungen, gleichzeitig in 35 Orten? Mit hundertprozentiger Erfolgsquote? Es waren siebzig durchschnittliche Menschen, beauftragt, sich in den Dienst Gottes zu stellen. Keine ausgebildeten Redner, keine Ärzte, sondern barfüßige Wanderer ohne Geld und Proviant. Sie waren zwar oft genug Zeugen dessen gewesen, was Jesus tat, es wäre ihnen aber nie in den Sinn gekommen, sie könnten dasselbe tun. Was hatten sie? Auftrag und Vollmacht. Nichts weiter. Und vielleicht ein bisschen Angst. Aber auch den Mut, es zu versuchen. Den Mut zu gehorchen. Den Mut, sich auf dieses Abenteuer einzulassen. Im Vertrauen auf die Macht von Jesus, die er in ihre Hände gelegt und auf sie übertragen hatte. Konnte das funktionieren?

35 Teams in 35 Städten und Dörfern riskieren den Versuch. Und was sie erleben, ist überwältigend. Sie waren von ihren Erfolgen dermaßen begeistert, dass Jesus sie erst einmal beruhigen und ihnen klar machen musste: Die in Vollmacht erzielten Erfolge waren kein Selbstzweck. Nicht die Erfahrung, im Namen von Jesus dasselbe zu Wege gebracht zu haben wie er selbst, sollte Begeisterung auslösen. Denn diese Erfahrung war nichts weiter als der Beweis für eine weitaus großartigere Tatsache: »Aber freut euch nicht darüber, dass böse Geister euch gehorchen, son-

dern freut euch, dass eure Namen im Himmel aufgeschrieben sind« (Lukas 10,20). – Eine Tatsache, die nun ihrerseits Jesus selbst in Begeisterung versetzte: »Dann wurde Jesus von der Freude des Heiligen Geistes erfüllt« (Lukas 10,21). Er dankte dem Vater dafür, dass er wieder einmal bewiesen hatte, dass er durch jeden Menschen wirken kann. Dass er jeden gern als Mitarbeiter annimmt, ohne nach der Qualifikation, nach Bildung oder Ausbildung zu fragen. Nach nichts außer der Bereitschaft. In Vollmacht hatten siebzig einfache Menschen Wunder vollbracht. Ein unwiderlegbarer Beweis für ihre Bereitschaft und ihren Glauben. Und nur der Glaube hatte ihnen den Eintrag in die himmlischen Bücher beschert. Nicht die in Vollmacht vollbrachten Wunder – sie hatten lediglich eine bestimmte Funktion, einen Hinweischarakter. Sie waren ein Hinweis darauf, dass Gott in ihnen gewirkt hatte, sodass er auch durch sie wirken konnte. Halleluja! Wenn das kein Grund zur Freude ist! Ein Gottesbeweis, nicht dringend erforderlich für jemanden, der sowieso schon glaubt, aber immer wieder aufs Neue überwältigend schön. Siebzig Mitarbeiter Gottes, die nie wieder zweifeln würden. An ihnen war deutlich geworden, dass Gott sie zu dem gemacht hatte, was sie gemäß seinen Plänen sein sollten. Nicht sie selbst hatten etwas getan. In ihnen und durch sie war etwas getan worden. Gott hatte es getan. Derselbe Gott, der aus einem flüchtigen Totschläger, der nicht besonders gut reden konnte, einen der größten Propheten und den Retter seines Volkes gemacht hatte. Der einem Bauernsohn und seinen dreihundert Getreuen den Sieg über die Midianiter geschenkt hatte. Der ein junges jüdisches Mädchen zur Königin gemacht hatte, um durch sie sein Volk zu retten. Der aus einem Hirtenjungen einen genialen Feldherrn, einen ebenso genialen Dichter und König gemacht hatte. Der alles aus jedem machen konnte. Kein Gott der Vergangenheit, der sich nach vollbrachten Taten zur Ruhe gesetzt hätte. Ein Gott der Gegenwart, machtvoll tätig im Hier und Jetzt. Siebzigfach tätig, siebzigfach erfolgreich, in siebzig Fällen ungehindert aktiv. Aktiv wie in den alten Überlieferungen. Gott auf Mitarbeitersuche – siebzig Mal fündig geworden.

Jesus freute sich für die Siebzig. Denn er wusste, dass sie gerettet waren. Menschen, deren Leben noch einmal neu angefangen hatte. Wiedergeborene, für die sich die schönsten Verheißungen erfüllen würden. Sichere Kandidaten für das große Projekt »Menschheitsgeschichte – Teil zwei«. Menschen, die wussten: Gott ist nicht Geschichte. Er ist nicht eine längst verblasste Erinnerung, die beim Lesen alter Überlieferungen wieder für einen kurzen Moment lebendig wird. Er ist nicht weit weg – weder zeitlich noch räumlich. Er ist jetzt hier. Und er handelt, wenn ich ihn lasse.

Kann es eine größere Erfahrung geben? Und: Sollte sie uns verwehrt sein? Warum? Wodurch? Gott ist nicht nur der Gott Abrahams, Isaaks und Jakobs, der Gott von Jesus und der Gott des Paulus. Er ist auch mein und dein Gott. Derselbe Gott, unverändert, weil unveränderlich. Nach wie vor ist er auf Mitarbeitersuche. Das Himmelreich kennt keinen Einstellungsstopp. »Die Ernte ist groß, doch die Zahl der Arbeiter ist klein« (Lukas 10,2). Daran hat sich leider nichts geändert. Das Problem ist dasselbe geblieben. Und auch der Lösungsweg ist der gleiche: Auftrag, Vollmacht und Verheißung – drei Worte für letztlich ein und dieselbe Sache. In der Theorie mögen sich diese drei unterscheiden. In der Praxis aber wachsen sie zusammen. Im Glauben, der die wichtigste Entscheidung ist, die wir zu treffen haben.

Der Auftrag beinhaltet die Vollmacht. Die Vollmacht ist die Verheißung des Gelingens. Schon der Auftrag selbst ist eine Verheißung: Die Verheißung einer Möglichkeit, für die ich mich entscheiden kann. Und gegen die ich mich entscheiden kann, indem ich den Auftrag verweigere. Zum Beispiel, indem ich behaupte, er sei ja gar nicht an mich persönlich gegangen. Sondern an zwölf oder siebzig andere vor zweitausend Jahren. In einer konkreten historischen Situation, die nicht mehr gegeben sei. Ein Auftrag, der sowieso Unsinn ist. Ich kann nichts austreiben, was es nicht gibt. Wer krank ist, soll zum Arzt gehen. So wird heute Heilung erzielt – medizinisch und pharmazeutisch. In den meisten Fällen ist dies auch zuverlässig und wirksam. Der Arzt heilt den Körper, der Pastor ist für die Seele verantwortlich – vorausgesetzt, sie ist gesund. Die Aufgaben sind verteilt. Dies ist eine moderne Welt, ein System, das sich durch sein Funktionieren selbst bestätigt. Was sich in der konkreten Praxis bewährt, muss ja wohl richtig sein. Bei manchem hilft ein Gebet gegen Kopfschmerzen genauso zuverlässig wie zwei Tabletten. Na gut, aber eben nur bei manchen. Die Tabletten dagegen wirken bei jedem. Also ist auf sie mehr Verlass. Würden körperliche Beschwerden durch böse Geister verursacht, dann müsste den Medikamenten eine magische Macht innewohnen, durch die die Geister ausgetrieben werden. Das klingt absurd.

Und es ist es auch. Medikamente bringen die Symptome der Krankheiten zum Abklingen, aber nicht deren Ursache.

Warum wird der eine krank, während der andere kerngesund bleibt? Wenn wir wie ein Kind nicht mehr damit aufhören, »Warum?, Warum?« zu fragen auf der Suche nach der wahren, ersten Ursache einer Krankheit, gelangen wir irgendwann unweigerlich an die Grenze dessen, was die medizinische Wissenschaft noch erklären kann und will. Von einem bestimmten Punkt an verliert sich alles irgendwie im Unerklärlichen. Dort regiert etwas, was manche Zufall nennen oder Schicksal, etwas, vor dem der fragende Verstand mit einem resignativen Seufzer kapitulieren muss: »Ja, ich weiß auch nicht, das ist eben einfach so.«

Wir wissen viel, aber nicht alles. Je mehr wir wissen, desto klarer wird uns die Tatsache bewusst, dass dem forschenden Verstand Grenzen gesetzt sind und dass es auch jenseits dieser Grenzen etwas gibt. Etwas, was sich dem rationalen Zugriff des Verstandes entzieht. Etwas, dessen wir uns nicht mehr durch Erforschung bemächtigen können. Etwas, das sich nur auf dem Wege der Offenbarung erschließt. Das ist der Punkt, an dem man seine Entscheidung zu treffen hat: Gebe ich mich zähneknirschend zufrieden damit, dass ich nichts wissen kann, weil der Verstand kapitulieren muss? Besteht meine Welt nur aus dem, was man zählen, messen und wiegen kann? Lässt es mich innerlich gleichgültig, dass es da noch etwas völlig anderes geben könnte?

Wo das Reich des gewohnten Alltagsdenken endet, ist der Mut zur Entscheidung gefragt. Wie auch immer man sie trifft – sie ist mit Risiken und mit Verantwortung verbunden. Es entstehen Konsequenzen für mein Leben und indirekt auch für das Leben derer, mit denen ich zu tun habe. Ist jenseits der Grenzen des Verstandes das Nichts oder das völlig Andere? Ich kann es nicht wissen. Ich muss meine Wahl intuitiv treffen. Ich kann mich entscheiden, den Weg der Siebzig zu gehen – mit allen damit verbundenen Risiken. Ich kann mich auch dagegen entscheiden. Das ist ebenfalls mit Risiken behaftet, die jedoch nicht so klar auf der Hand liegen. Zum Beispiel mit dem Risiko, das Einzige, was im Leben wirklich wichtig ist, falsch gemacht zu haben, indem man Marias guten Rat in den Wind schlägt: »Tut, was immer er euch befiehlt« (Johannes 2,5). Dann bleibt das Wasser, was es ist. Dann müssen die Gäste eben nach Hause gehen, weil das Fest zu Ende ist. Wir verzichten auf etwas, was für alle Beteiligten so schön gewesen wäre. Wenn man nur den Mut gehabt hätte zu glauben, zu vertrauen und zu gehorchen.

Gott wird es voraussichtlich nie zulassen, dass es unwiderlegbare Beweise dafür gibt, dass wir die richtige Wahl getroffen haben, wenn wir uns für den Glauben entscheiden – Beweise, die einer streng wissenschaftlichen Prüfung standhalten. Wieso? Weil das das Ende unserer Willensfreiheit wäre. Dann müssten wir gezwungenermaßen glauben. Dann gäbe es keine Alternative, keine Entscheidungsfreiheit. Der Baum mit den verbotenen Früchten wäre endgültig abgeholzt. Wir könnten keine verhängnisvollen Fehler mehr machen. Wir wären keine Menschen mehr. Kein Risiko mehr für Gott. Er hätte keinen Kummer mehr mit uns, aber auch keine Freude.

Wer den Weg der Siebzig gewählt hat, der wird praktisch jeden Tag die Bestätigung dafür bekommen, dass seine Entscheidung goldrichtig war. Doch diese Beweise haben nur individuelle Gültigkeit. Sie können keinen, der sich anders entschieden hat, umstimmen. Was man ihm von Gebetserhörungen berichtet, wird er als Zufall abtun. Was man als Wahrheit erfahren hat, wird für ihn Unfug sein. Was man als verbindlich ansieht, hat für ihn keine Bedeutung. Weil seine Entscheidung anders ausgefallen ist. Damit muss (und kann) jeder leben, der den Weg der Siebzig wählt und sich Auftrag, Vollmacht und Verheißung im Glauben aneignet.

KAPITEL 14

NARREN UM CHRISTI WILLEN

»Geht hin in alle Welt und verkündet allen Menschen die gute Botschaft. Wer glaubt und getauft wird, wird gerettet werden. Wer aber nicht glaubt, wird verurteilt werden« (Markus 16,15-16). In anderen Übersetzung heißt es auch: »verkündet es aller Kreatur«. Franz von Assisi nahm den Auftrag wörtlich, wie er dasteht, und befolgte ihn. Er predigte sogar den Tieren. Ungeachtet der Tatsache, dass er sich dadurch in den Augen anderer Menschen vielleicht lächerlich machte.

Aber nichtsdestotrotz: Auftrag ist Auftrag. Er ist nach wie vor gültig. Er wurde nicht widerrufen. Auch nicht korrigiert oder eingeschränkt. Franz von Assisi ist wohl wieder eines von den Beispielen, wo der Applaus des Himmels vom Gelächter der Welt übertönt wurde. Franz von Assisi kennen und lieben wir noch heute. Wie die Lacher hießen, ist wohl kaum noch festzustellen. Wer erinnert sich noch an sie? Vielleicht hat sogar Gott sie schon vergessen, obwohl niemand sonst ein so gutes Gedächtnis hat wie er. Aber es ist wohl nicht zu erwarten, dass die Namen unverbesserlicher Spötter im Buch des Lebens verzeichnet sind. Eher schon die Namen der verschrobenen Käuze, denen es nichts ausmachte, in den Augen der Welt eine Lachnummer zu sein.

Wenn es an der Haustür klingelt und da stehen wieder diese freundlichen Damen, die mit mir angeblich über die Bibel sprechen wollen, regt sich immer das schlechte Gewissen. Weil sie das tun, was eigentlich jeder Christ tun müsste. Ihr Gott heißt Jehova. Meiner heißt Vater. Der Text in ihren Bibeln weicht zum Teil ganz erheblich ab vom Text in meiner Bibel. Ihr Jesus ist eine Nebenfigur, meiner ist die Hauptperson. Aber sie gehen von Haus zu Haus und lassen sich mit bewundernswerter Gleichmut beleidigen, vom Hof jagen, beschimpfen und die Tür vor der Nase zuschlagen.

Manchmal ist es ganz leicht. Da ruft vielleicht jemand an und hat eine Sinnkrise, er ist am Ende einer

Sackgasse angelangt oder leidet unter einem diffusen Unbehagen, das ihn mit der Tatsache konfrontiert: Irgendetwas ist nicht in Ordnung in meinem Leben; ich habe Fehler gemacht und das Falsche geglaubt. Dann kommt das Gespräch fast von allein auf Jesus. Man kann seinen Auftrag als Christ ohne große Mühe erfüllen. Die richtigen Worte fliegen einem nur so zu, und wenn man den Hörer auflegt, hat man ein gutes Gefühl, das Stunden, manchmal sogar Tage anhält. Oder man kann einen Brief beantworten. Manche Dinge lassen sich leichter schriftlich erledigen als mündlich.

Wenn ich vom Einkaufen komme, frage ich mich immer, ob in der Seitenstraße, durch die ich gehe, wieder dieses weiße Auto steht. Es hat hinten einen Aufkleber. Darauf steht: »Jesus liebt dich!« Man kann ihn gar nicht übersehen. Diese Kurzpredigt kommt immer an. Manche haben auf ihrem Auto den Fisch als Aufkleber. Aber das ist eher nur eine Art kleiner Gruß an Gleichgesinnte. Keine richtige Predigt (schon gar nicht an alle Kreatur). Trotzdem freut man sich, den Aufkleber zu sehen.

Dürfen wir uns damit herausreden, dass für das Predigen der Pastor in der Kirche zuständig ist? Weil das sein Beruf ist, für den er bezahlt wird? Wem gilt der Auftrag: »Darum geht zu allen Völkern und macht sie zu Jüngern. Tauft sie im Namen des Vaters und des Sohnes und des Heiligen Geistes und lehrt sie, alle Gebote zu halten, die ich euch gegeben habe« (Matthäus 28,19-20)? Ich bin kein Missionar in Afrika oder Asien. Mein Platz im Leben ist hier. Und da, wo ich wohne, sind praktisch alle schon getauft. Geht mich die ganze Sache also nichts an? Viele meiner Mitmenschen wurden als Säuglinge getauft, ohne zu begreifen, was da mit ihnen geschah. In der Schule haben sie den Religionsunterricht abgesessen. Sie nahmen am Konfirmationsunterricht teil, weil das alle tun und weil es zur Konfirmation Geschenke gibt. Vielleicht haben sie kirchlich geheiratet, weil das eben irgendwie auch dazugehört: ganz in Weiß. In ihren Papieren steht, dass sie Christen sind. Vielleicht beten einige, wenn sie Sorgen haben. Vielleicht aber auch nicht. Vielleicht trinken sie dann auch lieber Alkohol. Wir gehen nicht an ihre Türen, um mit ihnen über die Bibel zu sprechen, also werden wir es nie erfahren.

In der Kirche sieht man immer dieselben Gesichter – nicht so ganz besonders viele, außer zu Weihnachten. Ich bin Christ und verweigere meinen Auftrag. Man will ja keinem auf die Nerven gehen so wie diese freundlichen Damen, die an die Haustür kommen, um mir ihre Druckerzeugnisse zu schenken. Und die dann immer wieder kommen, so lange, bis es nervt. Es nervt, weil ihr Gott mich irgendwie nicht lieben kann, so wie ich bin. Ich bin ihm nicht gut genug. Er ist so streng, so finster, so weit weg. Meiner wäre es eigentlich viel eher wert, dass man losgeht und für ihn Reklame macht. Und sein Sohn erst! Eigentlich müsste ich jedem, den ich treffe, erzählen, was er für mich getan hat. Schon aus Dankbarkeit. Und auch aus Begeisterung! Es soll einfach jeder wissen, dass Jesus auch dasselbe für ihn tun kann und will! Das ist doch wirklich mal eine Sensationsmeldung, die es wert ist, verbreitet zu werden. Die Welt muss doch voll sein von Geschichten, Geschichten aus erster Hand von Leuten, die erlebt haben, wie Jesus ihr Leben veränderte. Noch immer gilt: »Es gibt noch vieles andere, was Jesus getan hat. Wenn man dies alles aufschreiben würde, glaube ich, könnte die ganze Welt die Bücher nicht fassen, die man dann schreiben müsste« (Johannes 21,25). Alle wohl nicht, aber einige schon. Für solche Bücher würde wohl manch einer gern Platz in seinem Regal schaffen.

»Wer sich hier auf der Erde öffentlich zu mir bekennt, den werde ich auch vor meinem Vater im Himmel kennen. Aber wer mich hier auf der Erde verleugnet, den werde ich auch vor meinem Vater im Himmel verleugnen« (Matthäus 10,32-33). Und: »Wenn sich ein Mensch in dieser treulosen und sündigen Zeit für mich oder meine Botschaft schämt, für den wird sich auch der Menschensohn schämen, wenn er mit den heiligen Engeln in der Herrlichkeit seines Vaters kommt« (Markus 8,38). Das wird peinlich!

Jesus will Gesprächsstoff sein. Er will, dass man über ihn redet und von ihm erzählt. Wer sich nicht traut, das zu tun, muss auf einen tosenden Beifallssturm verzichten – irgendwann in vielleicht gar nicht allzu ferner Zukunft. Die Bibel sagt, dass »wir von so vielen Zeugen umgeben sind« (Hebräer 12,1), die wir mit unseren Augen (im Normalfall) nicht sehen können. Sie aber uns. Das sollte uns eigentlich dazu ermuntern, eine gute Vorstellung abzuliefern. Alles wird registriert. Wir sind unter ständiger Beobachtung, ohne es zu merken. Viele Fehler, die wir machen, basieren darauf, dass wir uns dieser Tatsache nicht immer bewusst sind.

Viele haben im Fernsehen eine Lieblingssendung, die sie nach Möglichkeit nicht verpassen wollen. Vielleicht gefällt uns das Thema, der Moderator oder ein Schauspieler besonders gut. Im Himmel gibt es vielleicht kein Fernsehen, dafür aber jede Menge Reality-Shows, die man sich ansehen kann: unser Leben. Was wir so tun und sagen: »Wir sind ein Schauspiel geworden für die ganze Welt – für Menschen wie für Engel (1. Korinther 4,9). Das muss man sich vorstellen: Engel schauen uns zu, sogar Jesus selbst. Sollte man ein so prominentes Publikum enttäuschen, indem man kläglich aus Zaghaftigkeit, Schüchternheit oder Trägheit versagt? Mit Sicherheit gibt es große Stars, deren Namen die Welt wahrscheinlich niemals kennen wird. Unscheinbare, bescheidene, einfache Menschen, die das, was sie tun, für Gott tun. Vielleicht nichts Spektakuläres, worüber Presse, Funk und Fernsehen berichten würden. Aber Dinge, von denen der Himmel begeistert ist. Szenen, für die es dort Applaus gibt. Vielleicht manchmal nur kleine Gesten, die eigentlich gar nicht der Rede wert scheinen. Freundliche Worte. Die Bereitschaft, zugunsten eines anderen zu verzichten. Dinge, die aus Liebe getan wurden und um die niemand ein großes Aufheben hier bei uns macht. Gebete oder Chancen von Jesus zu erzählen, die genutzt wurden und vielleicht erst Jahre später etwas Gutes bewirkt haben. Wer weiß? Dann sind wir eben »Narren« um Christi willen (1. Korinther 4,10). Na und? Aber es ist doch ein schöner Gedanke, dass man Jesus vielleicht hin und wieder eine kleine Freude machen kann, wenn man das Risiko eingeht, für ihn in den Augen der Welt zum Narren zu werden. Das Entscheidende ist ja nicht die Tat als solche, sondern die innere Haltung, die daraus spricht. Der Respekt seinen Worten gegenüber, das Vertrauen und die Liebe zu ihm. Die Überzeugung: Wenn er es gesagt hat, kann es nur richtig sein, auch wenn ich es nicht verstehe. Das gefällt ihm. Wenn Jesus so etwas sieht, dann weiß er, dass seine Mühe nicht vergeblich war. Solche Signale kommen an und werden mit Freuden registriert.

Der Missionsauftrag ist an jeden Christen ergangen. Nicht nur an die Apostel. Wir haben den Auftrag, bei jeder sich bietenden Gelegenheit von Jesus zu erzählen. Den Auftrag, die Vollmacht und die Verheißung, dass es nicht vergeblich ist, auch wenn wir uns damit zum Narren machen. Es ist schon deshalb nicht vergeblich, weil wir unsere Zuschauer damit zufrieden stellen. Auch wenn wir nichts weiter erreichen als das – das ist schon mehr als genug. Damit hat sich die Sache gelohnt. Auch wenn wir den Szenenapplaus nicht hören können – er ist uns sicher!

KAPITEL 15

OHNE ROTSTIFT

Die schlechte Nachricht: Wir haben die Ausführung vieler Aufträge von Jesus versäumt, verweigert oder verzögert.

Die gute Nachricht: Wir kommen trotzdem in den Himmel. Und sind trotzdem bei dem großen Projekt »Menschheitsgeschichte – Teil zwei« dabei. Nicht weil wir es verdient hätten. Nicht weil wir etwa so großartig wären, dass es Leute wie uns einfach bis in alle Ewigkeit geben müsste. Sondern weil wir die richtige

Entscheidung getroffen haben. Die Entscheidung, ein Geschenk anzunehmen. Das Geschenk der Rettung durch Jesus Christus. Es ist ein Geschenk, das jedem ohne Vorbedingungen angeboten wird. Ausnahmslos jedem. Egal, was er früher einmal getan hat. Danach wird nicht mehr gefragt. Gott ist bereit, alles zu vergessen, was wir falsch gemacht haben. Bündelweise kommen Aufzeichnungen in den großen himmlischen Aktenvernichter, sobald wir das Geschenk angenommen haben. Das Beweismaterial gegen uns wird vernichtet. Wir können nicht mehr vor Gericht kommen. Jeder Anklage ist die Grundlage entzogen. Wenn der Verteidiger gleichzeitig der Richter ist (und das ist er!), dann braucht der Staatsanwalt sowieso nicht mehr zu erscheinen. Er hat keine Chance. Der Freispruch steht schon vor Beginn der Verhandlung fest.

Wessen Freispruch?

Unser Freispruch!

Die Sache ist vom Tisch. Endgültig. Was immer es auch gewesen sein mag – erledigt.

Heilsnotwendig ist es nicht, dass wir alle Aufträge erfüllt, alle Vollmachten in Anspruch genommen und alle Verheißungen geglaubt haben. – Obwohl das schon schön gewesen und mit großem Applaus bei unserer Ankunft »drüben« belohnt worden wäre. Jesus sagt: »Wer an mich glaubt, hat schon das ewige Leben« (Johannes 6,47). Wer an ihn glaubt, wer ihm vertraut, der »wird leben, auch wenn er stirbt« (Johannes 11,25).

Was bedeutet »an Jesus glauben«? Bedeutet es, davon überzeugt sein, dass vor ca. zweitausend Jahren ein Mensch in Israel lebte, der in Wahrheit Gottes Sohn war?

Im Grunde ja. Denn daraus ergibt sich alles Weitere von allein. Gott lügt nicht. Jesus ist Gott. Also können wir glauben, was Jesus gesagt hat. Hat er die Wahrheit gesagt, dann ist es auch richtig, das zu tun, was er gesagt hat. Ist man dazu bereit, dann ist man ein neuer Mensch. Das passiert einfach, ohne dass man aus eigener Kraft viel dazutun müsste. Alles Wichtige erledigt er für uns beziehungsweise hat er es bereits getan.

Davon in Kenntnis gesetzt zu werden ist eine höchst erfreuliche Sache. Das tut die Bibel in klaren, einfachen, verständlichen Worten. Das beste Buch, das es gibt. Denn es hat den besten Autor: Gott.

Die Bibel wird »Gottes Wort« genannt. Jesus auch (Johannes 1,1). Es muss da eine verborgene Identität geben. Vielleicht nicht in Form einer simplen Gleichsetzung nach dem Schema »Bibel = Jesus«. Aber irgendwie in gewisser Weise eben doch. Die Bibel ist nicht nur ein dicker Stapel gebundenes Papier. Sie hat ihre ganz eigene Ausstrahlung. Was sie sagt, hat die Kraft, in uns zu arbeiten und uns innerlich umzugestalten. Dasselbe gilt für Jesus. Durch die Bibel spricht Gott und Jesus zu uns. Jesus ist die eigentliche Botschaft der Bibel. Gottes Botschaft an uns. Für jeden klar verständlich; niemand kann behaupten, das sei alles viel zu kompliziert. Das ist es wirklich nicht.

Wenn man die Bibel im Bewusstsein der Tatsache liest, dass sie Gottes Wort ist und dass Gott nicht lügt, wird einem vielleicht zunächst manches zugemutet, was mit dem eigenen Weltbild nicht in Einklang zu bringen ist. Was sich mit dem, was man anderswo gelesen, gehört und gelernt hat, nicht vereinbaren lässt. Was vielleicht auch den eigenen Erfahrungen widerspricht. Es könnte den Verstand rebellisch machen und Widerspruch provozieren. Eine Zeit lang liest man die Bibel dann vielleicht selektiv: Was einem gefällt, das nimmt man an und glaubt es. Was nicht gefällt, wird zunächst ausgeklammert und beiseite getan. Aber irgendwann stellt sich dann die Frage nach der Konsequenz. Wie kann ich einige Bibelzitate für verbindlich erklären und andere für überholt? Entweder, die Bibel ist komplett Gottes Wort oder sie ist es nicht.

Wenn Gott seit Ewigkeiten derselbe ist, dann darf man nicht davon ausgehen, seine Mitteilungen hätten nur ein begrenztes Haltbarkeitsdatum. Sollte es nach Ablauf des Verfallsdatums (das wir selbst bestimmen wollen) zur Stillung des spirituellen Hungers nicht mehr verwendbar sein? Dürfen wir mit dem Rotstift durch die Bibel gehen und alles wegstreichen, was uns zunächst Probleme bereitet? Ist die Bibel korrekturbedürftig oder sind es unsere Überzeugungen, die im Widerspruch zu ihr stehen?

Dies ist wieder so ein Punkt, an dem wir eine wichtige Entscheidung mit weit reichenden Konsequenzen zu treffen haben. Wie immer auch die Entscheidung ausfällt – sie kostet Mut. Entscheide ich mich für den Rotstift, dann werde ich die Zweifel an dem, was ich übrig gelassen habe, nie loswerden. Entscheide ich mich gegen den Rotstift, dann muss ich bereit sein, meine bisherigen Überzeugungen infrage zu stellen. Sie zu relativieren und zu revidieren. Sie zu korrigieren und sie »bibelkompatibel« zu machen.

Damit mache ich mich zum Außenseiter – eventuell sogar in meiner Gemeinde. Aber ich habe mich dann für einen Gott entschieden, der nicht alle paar Tausend Jahre seine Meinung ändert, der nicht lügt und auf den Verlass ist. Der mich liebt und einfach nicht damit aufhört. Weil auf ihn nun einmal Verlass ist. Meine Entscheidung, welche Haltung ich der Bibel gegenüber einnehme, ist gleichzeitig eine Entscheidung darüber, wie ich zu Gott stehe. Wenn die Bibel ungültige Stellen enthält, dann muss Gott ja wohl seit der Niederschrift seine Meinung geändert haben. Ein Gott, der seine Meinung ändert, könnte auch seine Meinung über mich ändern und mich irgendwann fallen lassen wie eine heiße Kartoffel. Dann wäre ich verloren. Rettungslos. Er könnte sich bessere Geschöpfe als uns schaffen, mit denen er weniger Probleme hat, und uns in die Hölle werfen oder ins ultimative Nichts, als hätte es uns nie gegeben. Dieser

Gott hieße dann auch nicht mehr »Vater«, sondern vielleicht »Jehova« oder sonstwie. Er wäre auch nicht mehr der Gott, den uns die Bibel bezeugt. Wenn wir es glauben.

Das zu tun ist mit Risiken verbunden. Aber sie sind minimal im Vergleich zu dem, was wir gewinnen können: einen Vater, der uns liebt. Einen großen Bruder, der aus Liebe für uns gestorben ist. Eine riesengroße Familie, mit der wir einmal sehr glücklich sein werden. Bis in alle Ewigkeit. Amen.

ANMERKUNGEN

[1] Martin Luther: Christlicher Wegweiser für jeden Tag. Hamburg 1980. S. 246

[2] Ernst und Marie-Luise Keller: Der Streit um die Wunder. Gütersloh 1968. S. 277

[3] Watchman Nee: Der geistliche Christ. Berneck/Schweiz o. J.

[4] a. a. O., S. 45

[5] a. a. O., S. 28

[6] a. a. O., S. 26

[7] a. a. O., S. 27

[8] a. a. O., S. 41

[9] a. a. O., S. 28

[10] a. a. O., S. 27

[11] a. a. O., S. 43

[12] a. a. O., S. 36

[13] a. a. O., S. 28

[14] a. a. O., S. 27

[15] a. a. O., S. 36

[16] a. a. O., S. 27

[17] a. a. O., S. 35

[18] a. a. O., S. 32

[19] a. a. O., S. 33

[20] a. a. O., S. 33

[21] a. a. O., S. 33

[22] a. a. O., S. 29

[23] a. a. O., S. 28/29

[24] Watchman Nee: Der Gebetsdienst der Gemeinde. Berneck/Schweiz 1975. S. 22

[25] a. a. O.

[26] a. a. O., S. 48

[27] a. a. O., S. 9

[28] a. a. O.

[29] a. a. O., S. 11

[30] a. a. O., S. 16

[31] Hans Rohrbach: Naturwissenschaft, Weltbild, Glaube. Wuppertal 1968

[32] a. a. O., S. 137

[33] Hans Rohrbach: Unsichtbare Mächte und die Macht Jesu. Wuppertal 1986. S. 77

[34] a. a. O., S. 131

[35] Otto Michel und Agnes Fischer: Gestaltwandel des Bösen. Wuppertal 1975. S. 59

[36] Hans Rohrbach: Unsichtbare Mächte. A. a. O., S. 68

[37] Watchman Nee: In Hingabe leben. Berneck 1985. S. 40

[38] Watchman Nee: Das normale Christenleben. Wuppertal 1976. S. 108

[39] a. a. O., S. 106

[40] Hans Rohrbach: Unsichtbare Mächte. A. a. O., S. 126

[41] a. a. O., S. 139

[42] Watchman Nee: In Hingabe leben. A. a. O., S. 12

[43] Vgl. Hans Rohrbach: Naturwissenschaft, Weltbild, Glaube. A. a. O.

[44] Otto Riecker: Bildung und Heiliger Geist. Neuhausen-Stuttgart 1974. S. 131

[45] Watchman Nee: Der Gebetsdienst der Gemeinde. A. a. O., S. 51f.

[46] Bernard Martin: Die Heilung der Kranken als Dienst der Kirche. Basel o. J., S. 85

[47] a. a. O., S. 85